贅沢な晩ゴパン
パンのお料理

『PAINDUCE』

『Boulangerie Gourmand』

『Ça Marche』

『雨の日も 風の日も』

『あこうぱん』

『志津屋』

『BRACERIA PASTICCERIA BOND』

『リュミエール』

『Cuisine Franco-japonaise Matsushima』

パンの料理で、夕食をもっと楽しいひとときに

　コーヒーにトースト、カフェオレにクロワッサン、ジュース類にサンドイッチや総菜パン…。これまで、パンを食べるシーンとして中心になるのは、朝食か昼食でした。家庭でパンを焼かれるかたも、焼いたパンを食べるのは、やはり朝かお昼が多いのではないでしょうか。

　日本では、晩ご飯にパンを食べるというと、パンをメインの料理に添える程度でした。それに比べてパンが生活に欠かせないヨーロッパなどでは、いろいろな食べられ方がされています。

　これまでの食卓に並ぶお料理や、ちょっと豪華な惣菜などを、美味しいパンの上に盛り付けて、ソースをかけてみましょう。すると、晩ご飯にふさわしいボリューム感があって、ナイフ・フォークで食べる、豪華で楽しい料理になります。そしていつもの晩ご飯の食卓が、贅沢な食事の場になったり、ワインと共に特別な日の食事の場になったり、お友達を呼んでパーティの場になったりと、様々な楽しみ方ができるようにもなります。

　本書では、ベーカリーシェフ6人とレストランシェフ3人の実力派の人気シェフにご登場いただき、デンマークの伝統的なパン料理のスモーブローなどにヒントを得た、パンを活かした新スタイルの料理をご提案していただきました。身近に手に入る素材で作る手軽な料理から、ちょっと頑張って作る料理まで、様々です。またパンを焼かれるかたのために、ベーカリーシェフのかたにはパンのレシピもご紹介していただきました。

　美味しいパンが身近に食べられる今だからこそ、朝と昼だけでなく、夜の食事にも取り入れた「晩ゴパン」を楽しまれてはいかがでしょうか。本書がその際の一助になれば幸いです。

旭屋出版　編集部

材料の紹介

本書レシピ内で、材料欄にブランド名を明記しているものに関して、その特徴をご紹介します。
ネットなどを通して購入できるようになっていますので、QRコードでお求め先もご紹介します。

「すぐに使える かける本バター」

オランダ産バターオイルを67.5％使用し、なたね油などの植物油脂を32％ブレンド。香料を一切使わずに、バター本来の香りと甘み、コクを凝縮したオイル。常温で液状で、冷やしても結晶化しにくいため、バターのように溶かす手間が無くてすぐに使えるだけでなく、焼いたパンにすぐにぬれたり、料理の風味付けにかけたり、ドレッシングに加えたりといった、多彩な使い方ができる。

 ミヨシ油脂株式会社　https://www.miyoshi-yushi.co.jp

「太白胡麻油」
「太香胡麻油」

1725年創業の老舗メーカーの製品で、マルホンブランドとして広く知られている。ごまを生のまま搾る「太白胡麻油」は、見た目には透明感があり、香りは無く豊かなごまのコクとすっきりとした後味が特徴だ。組み合わせる素材の持ち味を活かせ、製パンにも用いられる。ごまの風味が香る「太香胡麻油」は、一般的なごま油よりもおだやかな焙煎感。上品な香り立ちで、ごまの個性は主張しつつも他の素材の持ち味を邪魔しない。

竹本油脂株式会社　https://www.gomaabura.jp/
※上記QRコードから、公式オンラインショップに飛べます。

「三州三河みりん」
「有機三州味醂」

醸造用アルコールや糖類などの添加を一切せず、国内指定産地のもち米、米麹、本格米焼酎のみを原料に、長期醸造熟成させる伝統製法を守る角谷文治郎商店。古来より受け継がれる製法は、米一升、みりん一升と言われている。もち米由来のまろやかなコク、旨味、上品でキレのよい甘み、芳醇な香りが特徴。パンづくりでは、小麦粉や副材料等の素材の持ち味を高められる。左は、有機米のみを使った「有機三州味醂」。

株式会社角谷文治郎商店　https://mikawamirin.jp/

「日清 カメリヤスペシャル チャック付」
「日清 Wheat＆Bake セイヴァリー」
「日清 Wheat＆Bake ゆめちから」

株式会社日清製粉ウェルナは強力粉、パン用小麦粉として「日清 カメリヤスペシャル チャック付」「日清 Wheat＆Bake セイヴァリー」「日清 Wheat＆Bake ゆめちから」をラインアップ。「日清 カメリヤスペシャル チャック付」は強力粉。口どけが良く、ふんわりとした仕上がりになる。「日清 Wheat＆Bake セイヴァリー」はパン用小麦粉。まとまりが良く、なめらかさが特長。食パン、テーブルロールづくりに向いており、膨らみの良いパンに仕上がる。「日清 Wheat＆Bake ゆめちから」は国内麦小麦を100％使用したパン用小麦粉。もっちりとした食感に仕上がり、バターロールや食パンに向く。

株式会社日清製粉ウェルナ：https://www.nisshin-seifun-welna.com/index/

「タカナシ 北海道モッツァレラ」
「タカナシ 北海道マスカルポーネ」
「タカナシ 特選北海道純生クリーム47」

「タカナシ 北海道モッツァレラ」は、北海道・根釧地区の生乳を100％使用した、ミルク感とコクのある風味豊かなフレッシュチーズ。「タカナシ 北海道マスカルポーネ」は、やさしい乳の風味と豊かなコクがあるフレッシュチーズ。なめらかでコシがあり、他素材と合わせやすい。「タカナシ 特選北海道純生クリーム47」は、豊かなコクと風味がある、乳脂肪47％の生クリーム。各製品は、タカナシミルクWEB SHOPで購入ができる。

タカナシ乳業株式会社　https://www.takanashi-milk.co.jp/
タカナシミルクWEB SHOP　https://www.takanashi-milk.com/

INDEX 目次

本書をお読みになる前に

◆本書は、人気のベーカリーシェフとレストランシェフに取材し、ベーカリーシェフにはパンとパンを使った料理を、レストランシェフにはパンを使った料理を、それぞれ試作・提案していただき、ご紹介しました。

◆ご紹介は、前半でベーカリーシェフを、後半にレストランシェフを掲載しています。パンとパンの料理は、各お店ごとにまとめて紹介しています。

◆お店の営業時間や定休日などの概要は、令和5年10月1日現在のものです。4ページの材料紹介の製品画像や内容も、令和5年10月1日現在のものです。

◆材料欄に関しまして、

　・パンのレシピは、粉の量に応じて作れるようにと、シェフによってはベーカーズパーセントで表記していただいています。ベーカーズパーセントとは、小麦粉・全粒粉の総重量を100%として、他の材料（水も含む）は粉と比べてどのくらいの割合かを表示する考え方です。

　・ベーカーズパーセントでも、発酵種の分を加えない外割の考え方があります。25ページのレシピがそれに当たります。

　・パン店では、材料となる液体の量も「g」で表すことが多いので、それに沿った単位の表記にしています。

　・分量のうち、「大さじ」は1杯約15g、「小さじ」は1杯約5g、「1カップ」は約200gを目安としてください。

　・材料のうち、特に推奨されるものにつきましては、色帯を付けた「　」でメーカーの製品名を記載しています。その製品に関しましては、4ページで詳しい内容と購入先もご紹介しています。

　・バターは、特に断り書きがない場合は「食塩不使用」のものを使用します。

◆レシピの中で、ホイロ、オーブン、パン窯など用いた、パンの発酵や焼成にかかわる数字を紹介していますが、それらは設置された場所、季節や機器の種類などによって変わってくることがあります。生地の様子を見て、調整してください。

● 撮　　影：東谷幸一　合田慎二（P51~64）
● デザイン：佐藤暢美

『PAINDUCE』

米山雅彦

グランシェフ

野菜をソースとして組み合わせる

本店のある中央区淡路町や、大阪駅や新大阪駅の構内など大阪を中心に、石川県の大聖寺駅構内など、計6店を出店している人気のパン店。シェフの米山さんが作るのは、国産小麦を使ったハード系のパンや、それをベースにして様々な野菜を組み合わせたパンで、健康に関心の高い人たちに特に評判を集めている。

「今回提案したのは、手捏ねですが、あまり手をかけなくても美味しく作れるパン2品。それに、鶏肉やハム、チーズなどの身近な材料を使って、ちょっと豪華な食事が楽しめるパン料理です」と米山シェフ。

「パンに料理をのせるだけではなく、野菜などでちょっとしたソースを作って組み合わせれば、それだけで夕食の楽しみが引き立つ一品にすることができます。また、焼いたパンを料理と組み合わせるときは、乾燥を避けるためにガスコンロやグリルなどでパンを香ばしく焼くと、より美味しく仕上がります」（米山シェフ）

『PAINDUCE』　※本店

[住所]大阪府大阪市中央区淡路町4-3-1
FOBOSビル1階
[電話]06-6205-7720
[URL]http://www.painduce.com/
[営業時間]8:00〜19:00（土曜日、祝日は18:00まで）
[定休日]日曜日

低糖質パン

小麦のフスマ（胚乳の表皮部分）をメインに配合した、低糖質のパンです。湯種を用意しておけば、ミキシング終了から合計90分で焼成し、約8分で焼き上がります。本捏ねの作業は手でもできます。生地を台に出したら、手の付け根で奥に向けて生地をこすりつけ、台に叩きつけるようにして捏ねてください。

材料（6個分）

湯種

オーガニック小麦フスマ …………………	30g
塩 …………………………………………	2.4g
熱湯 ………………………………………	37.5g

本捏ね

オーガニック小麦フスマ …………………	75g
十勝産強力粉 ……………………………	30g
アーモンドプードル ………………………	15g
小麦グルテン ……………………………	19.5g
ラカント …………………………………	12g
ドライイースト ……………………………	1.5g
サワード …………………………………	12g
クリームエペス …………………………	15g
「太白胡麻油」 …………………………	15g
水 ………………………………………	107g

作り方

1　前日に湯種を作る。ボールに小麦フスマと塩を入れ、熱湯を注いで練り、粗熱を取ったら、ラップをして冷蔵しておく。

2　本捏ね。「太白胡麻油」以外の本捏ねの材料を、ボールに入れてカードで切り混ぜる（a）。

3　粉けが無くなったら、台に出して手の付け根で台にこすりつけては台に叩きつけるようにして捏ねる（b）。

4　生地がまとまったら、1を入れて3の要領で再び捏ねる。

5　生地がまとまったら「太白胡麻油」を入れて（c）、さらに3の要領で捏ねる。

6　まとまったら、乾燥しないよう容器に入れて一次発酵。温度28℃・湿度85%で30分発酵させる。

7　6の生地を取り出し、パンチをしてさらに温度28℃・湿度85%で20分発酵させる。

8　分割。7の生地は、6等分（1個約60g）に分割して（d）、丸める。

9　ベンチタイム。8の生地を30分休ませたら、丸め直して天板に並べる。

10　二次発酵。9の生地は、温度28℃・湿度85%で30分発酵させる。

11　焼成。10の生地にクープを入れ（e）、240℃のオーブンで8分間焼成する。

ほっこり食パン

パン発酵時の温度や湿度の管理は、家庭ではたいへんで難しいもの。そこで、そうした管理を気にせずに作れるパンを考えました。最終発酵は温度と湿度の管理をしますが、後は室温で大丈夫。僕が「ほったらかし種」と呼んでいる中種は、夏でも冬でも、室温で24時間放置して発酵させます。

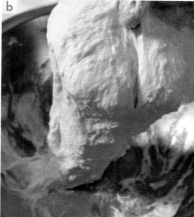

材料(2台分)

ほったらかし種

十勝産中力粉	200g
水	200g
イースト	0.2g

湯種

十勝産中力粉	40g
塩	8g
湯	80g

本捏ね

十勝産中力粉	160g
「有機三州味醂」	20g
イースト	1.6g
バター	8g
水	96g

作り方

1　ほったらかし種を作る。ボールに粉とイーストを入れ、水を加えて捏ねたら、そのまま夏も冬も常温で24時間置く。

2　湯種を作る。ボールに入れた小麦粉に塩と熱湯を入れて捏ねる。粗熱を取り、ラップをして冷蔵庫でひと晩保存する。

3　本捏ね。1、2とバター、粉類と水を合わせて手で捏ねる(a)。

4　混ざったら、室温で20分発酵させる。

5　4は20分後にパンチを入れ、さらに20分発酵させる。

6　分割。発酵を終えた生地は2等分し、軽く丸める。

7　ベンチタイム。6はボールに入れ、そのまま30分置く。

8　成形。底を上にして台に置き、両端から生地をつまんで中央で閉じたら(b)、転がして丸め、オーブンシートを敷いたパウンドケーキ型に入れる(c)。

9　最終発酵。温度28℃・湿度85%で50分発酵させる。

10　焼成。霧を吹き、220℃で22分焼く。

PAINカラフル

表面をこんがりと焼いたカンパーニュに、クリームチーズでコク
を高めたアボカドディップをたっぷりとのせ、その上に生ハムや
様々な野菜類を彩り良く盛り付けました。野菜がたくさん摂れ
てヘルシーですし、見た目にもカラフルで、楽しい一品です。

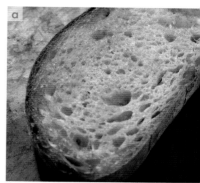

材料(1人分)

カンパーニュ(2cm厚さスライス) ………………	1枚
アボカドディップ(下記参照) ……………	90g
生ハム(スライス) ……………………	1.5枚
茹で玉子 ……………………………	1/2個
ブロッコリー(塩茹でしたもの)……………	2房
かぼちゃ(スライスしてグリル) ……………	2枚(30g)
インカの目覚め(茹でて皮を除き3cm大にカット) …	2個
パプリカ ………………………………	12g
スナップエンドウ ………………………	1枚
れんこん(塩分2%の湯で茹でて3cm厚さスライス)	
……………………………………	1/2枚
ラディッシュ ……………………………	1個
赤・黄ミニトマト ………………………	各1個
ディル …………………………………	適量

作り方
1 カンパーニュは霧を吹いてグリラーでこんがりと焼く(a)。
2 1にアボカドディップをたっぷりとぬり(b)、野菜類、生ハム、茹で玉
子などを彩りよくのせ(c)、ディルを飾る。

◎アボカドディップ

材料

アボカド ……………………………………	1個
クリームチーズ ………………………	60g
塩 ……………………………………	1つまみ
レモン汁…………………………………	5ml

作り方
1 アボカドは半分に割って種を取り、実をくり抜いてボールに移す。
2 クリームチーズを加え、アボカドをつぶすように混ぜ合わせる(d)。
3 塩とレモン汁で味を調える。

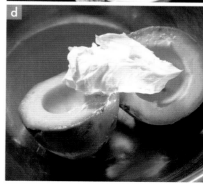

ハムチーズカツのおたまさん、きのこのソース

チーズを挟んで揚げたハムカツを、パンにのせた料理です。それだけだと朝食のようですが、パンには焼いた玉子をのせてカリッと焼き上げ、さらにきのこのソースも組み合わせて、晩ご飯としても満足できる内容にしています。ハムカツは、中のチーズが出ないよう、揚げ焼きにするのがポイントです。

材料(1人分)	
角食パン(5枚切り)	1枚
卵	1個
オリーブオイル	適量
塩・胡椒	各適量
ロースハム(スライス)	2枚
シュレッドチーズ	15g
小麦粉	適量
溶き卵	適量
パン粉	適量
「すぐに使える かける本バター」	適量
サラダ油	適量

◎ きのこソース

エシャロット(みじん切り)	10g
バター	適量
マッシュルーム(1/6カット)	1/2パック分
しめじ(ほぐしたもの)	1/2パック分
オリーブオイル(ソース用)	適量
生クリーム	20ml
塩、黒胡椒	各適量

作り方

1 まずきのこソースを作る。鍋にオリーブオイルを熱し、茸類を加えてソテーする。茸に火が通ったら、塩、胡椒で味を調え、火を止めてからバター、エシャロットを加えて混ぜ合わせ、生クリームを入れて仕上げる。

2 ハムチーズカツを作る。広げたハムの上にチーズをのせ、もう1枚のハムをのせる(a)。

3 小麦粉、溶き卵、パン粉の順で付ける。揚げているうちにチーズが出て来ないよう、端はしっかりと閉じるようにする(b)。

4 鍋に「すぐに使える かける本バター」とサラダ油を同割にして入れ(c)、火にかけ、ハムチーズカツを入れた揚げ焼きにする(d)。

5 パンを用意する。フライパンにオリーブオイルを熱し、卵を割り入れ、軽く塩・胡椒をする。

6 卵が半熟状になったら、パンを入れて黄身を押さえ、火を通す。黄身に火が入ったら、卵ごと裏返して底面をしっかりと焼き、カリッとさせる(e)。

7 皿に盛り付けて4のハムチーズカツをのせ、1のソースをかける(f)。黒胡椒をふる。

モッツァレラフリットの鳥の巣仕上げ
（かぼちゃのスープソース）

くるみとレーズンのパンに、鳥の巣に見立てて豆苗をのせ、そこに鳥の卵に見立てた、パン粉揚げにしたモッツァレラチーズを盛り付けました。揚げたモッツァレラは、パンにぬったかぼちゃのスープソースを付けて食べます。パン生地のレーズンとくるみの甘さとコクも加わり、美味しい一品になっています。

材料(2人分)

ノアレザン	1台
「タカナシ 北海道モッツァレラ」	100g
小麦粉	適量
溶き卵	適量
パン粉	適量
揚げ油	適量
かぼちゃのスープソース(右記参照)	50g
「すぐに使える かける本バター」	適量
豆苗(5cm長さほどにカットしたもの)	20g

作り方

1 「タカナシ 北海道モッツァレラ」は、6カットして小麦粉、溶き卵(a)、パン粉の順に付け、180℃の油で色よく揚げる(b)。

2 ノアレザンは2等分にカットして、グリラーで軽く焼き色を付ける(c)。

3 2の上にかぼちゃのスープソースをぬり(d)、器に盛って「すぐに使える かける本バター」をかける(e)。

4 3の上に刻んだ豆苗をのせ、鳥の卵に見立てて1をのせる(f)。

◎ かぼちゃのスープソース

材料(3人分)

かぼちゃ	110g
オリーブオイル	3g
洗双糖	3.5g
水	55g

作り方

1 かぼちゃは皮をむいて薄くスライスする。

2 鍋にオリーブオイルを熱し、かぼちゃ、洗双糖、塩を入れて中弱火で加熱する。

3 かぼちゃに火が入ったら水を入れ、沸騰させてアクを取ってから、蓋をして弱火で約30分間火を煮る。

4 3はブレンダーでなめらかにして、お好みの固さに調整する。

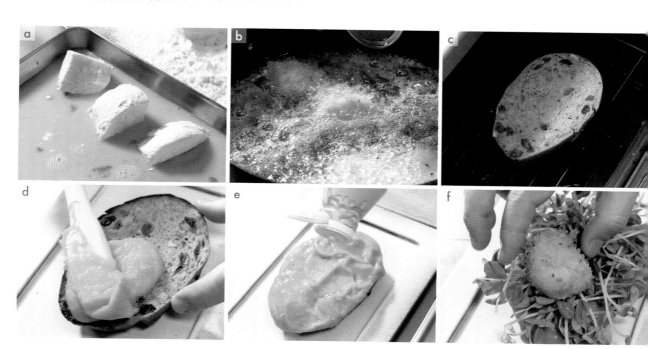

トマトグレイビーとヨーグルトのアラビア風

ソテーした鶏肉にスパイスをきかせたトマトグレイビーソース
をかけ、ヨーグルトの酸味で楽しんでいただく、アラビアの
テイストを感じる料理です。本場なら炊いたお米で食べますが、
その代わりとして10ページで作った低糖質パンを組み合わせ
ました。パンがソースを吸って、最後まで美味しく楽しめます。

材料(1人分)

低糖質パン(1/4カット)	2個
鶏モモ肉(下記参照)	250g
トマトグレイビーソース(下記参照)	220g
オクラ	2本
しし唐	2本
万願寺唐辛子	1本
ヨーグルト	50g
黒胡椒	適量

作り方

1 トマトグレイビーソースは、温めておく。

2 トマトグレイビーソースの調理で用いた鶏モモ肉は、食べやすい大きさにカットしておく。

3 オクラ、しし唐、万願寺唐辛子は、油を敷かないフライパンにのせて加熱する。

4 低糖質パンは1/4カットし、2の鶏モモ肉とともに皿にのせ、1のトマトグレイビーソースをかける(a)。

5 ソースの上にヨーグルトをのせる(b)。

6 3のオクラ、しし唐、万願寺唐辛子を添え、黒胡椒をふる。

◎ 鶏モモ肉、トマトグレイビーソース

材料(3人分)

鶏モモ肉	250g	人参	1/4本
サラダ油	適量	トマト缶	1缶
バター	15g	ヨーグルト	大さじ1.5杯
クミンシード	小さじ1	ビール	350㎖缶1本
玉ねぎ(粗みじん切り)	1個分	鷹の爪	1本
セロリ	1/2本	コリアンダー	小さじ2
にんにく	1片	ターメリック	小さじ2
生姜	1/2個	塩	小さじ1
しめじ	1/2分パック		

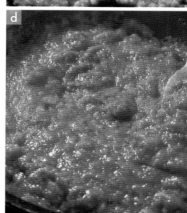

作り方

1 鶏肉は、サラダ油を熱したフライパンで両面色が付くまで火を入れる。

2 火が入ったら、フライパンから上げて置いておく。

3 鶏肉を焼いたフライパンに、バターとクミンシードを入れて再び火にかけ、香りを出す。

4 玉ねぎを加え、茶色になるまで炒める。

5 セロリ、にんにく、生姜、しめじ、人参を、適量の水と一緒にフードプロセッサーでペースト状にしたものとヨーグルトを4に加え、水分がなくなるまで加熱する。

6 ビールと鷹の爪を加えて、さらに水分がなくなるまで加熱する(c)。

7 水分がなくなったら、トマト缶を加えてお好みの固さまで火を入れる(d)。

8 塩、コリアンダー、ターメリックで味を調える。

『Boulangerie Gourmand』

池田 匡
オーナーシェフ

身近で手軽な素材で楽しむパン料理

　大阪一三宮間で、ほんの少し三宮よりに位置する摂津本山。閑静な住宅地で、2017年の開業以来人気を集めるのが『ブーランジェリー・グルマン』だ。オーナーシェフの池田さんは、老舗「ドンク」のご出身。ハード系パンから惣菜系、お菓子系と様々なパンを作り上げている。

　本書でご紹介していただいたパンは、「一つの生地レシピから応用をきかせられるもの。それに、どちらもあまり捏ねずに、安定して作れるパン。また発酵の見極めなどは、家庭で作る際は難しいので、それが簡単なパンを紹介しました」と池田シェフ。

　パン料理については、「なるべく一般に手に入りやすいパンをベースにしたものをご紹介しました」と池田シェフ。組み合わせる素材自体も、「市販品にも質の高いものが多くありますので、そうした商品を含めて、スーパーなどで手軽にお求めできる材料で作れるものを提案しました。気軽に楽しんでください」（池田シェフ）

『Boulangerie Gourmand』

[住所]兵庫県神戸市東灘区本山中町3-6-23　TMハイツ本山
[電話]078-262-1025
[営業時間]8:30～18:00（日曜日、祝日は14:00まで）
[定休日]月曜日、火曜日

レーズンと
クリームチーズの
ライ麦パン

レーズンとクリームチーズが、たっぷり入ったライ麦パンで、仕上げにかける蜂蜜バターの甘くミルキーな香りが食欲をそそります。手で捏ねて作れるパンで、特に最初の発酵生地は温度管理せずに、常温で発酵させます。レーズンは本捏ねの最終段階で生地に混ぜ込み、クリームチーズは生地1個1個に包み込みます。

材料(%)

発酵生地
フランスパン用小麦粉	20
塩	0.4
水	14
ドライイースト	顆粒を5粒程度

前処理
ライ麦粉	40
水	40

本捏ね
強力粉	60
水	35
塩	2
ドライイースト	0.6
モルトシロップ	0.3
発酵生地	34
カレンズ…(水で戻したもの)	50

クリームチーズ ……………生地100gにつき50g
蜂蜜バター(バター2:蜂蜜1) …………… 適量

作り方

1 発酵生地を作る。水にイースト入れ溶かし、粉と塩を加え、粉けがなくなるまで混ぜる。捏ね上げ温は度23℃くらい。

2 常温で一晩置く。その後すぐに使わないのであれば、冷蔵庫に入れる。

3 前処理。ボールでライ麦粉と水を合わせておく。

4 本捏ね。カレンズを除く本捏ねの材料と、2、3をボールで混ぜたら、台に出して手の平で手前から奥に押し付け、まとまったら、生地を台に打ち付けながら捏ねる。

5 生地ができたら、少し広げてカレンズをのせ、端から包み込んで生地に混ぜ込む(a)。

6 発酵。温度27℃・湿度75%で30～40分発酵させたら、一度パンチを入れ、さらに温度27℃・湿度75%で20分発酵させる。

7 分割・成形。100gに分割し、丸めて20分休め、軽く叩いて平らにし、クリームチーズをのせ、端から生地を寄せて包み込む(b)。

8 最終発酵。温度28℃・湿度75%で30～40分発酵させる。

9 焼成。8はハサミで上に十字に切れ目を入れ(c)、スチームを入れた窯で上火230℃・下火220℃で20分焼成する。

10 焼けたら取り出し、上面に蜂蜜バターをぬって(d)、さらに上火230℃・下火220℃で1～2分焼いて仕上げる。

ほうれん草とベーコンのお食事パン

生地のつながり具合をあまり気にせず、割と簡単に作れるパンです。広げた生地にたっぷりのほうれん草とベーコン、チーズをのせて生地で巻き込んだら、包丁で細かく刻むところが画期的。1個分を軽く握って2次発酵させ、焼きます。この1個で、野菜も肉も乳製品もバランスよく摂ることができます。

材料

Ⓐ（作りやすい分量・％）

強力粉	250g	(100)
砂糖	25g	(10)
塩	5g	(2)
ドライイースト	3.5g	(1.4)
脱脂粉乳	7.5g	(3)
牛乳	25g	(10)
全卵	37.5g	(15)
水	120g	(48)

バター	25g	(10)
「太香胡麻油」	12.5g	(5)
黒胡椒	適量	
ほうれん草（茹でてざく切り）	30	
ベーコン（2cm幅カット）	25	
シュレッドチーズ	15	

シュレッドチーズ（仕上げ用）	8g
「太香胡麻油」	適量

作り方

1　ミキシング。Ⓐの材料を手で捏ねる。

2　まとまったら生地を広げてバターと「太香胡麻油」を加え(a)、包んではカードで切って手前から奥に生地を手の付け根で押し付けるように延ばし、台に叩きつける。

3　発酵。練った生地は容器に入れ、温度27℃・湿度75％で30分発酵させる。

4　パンチ。30分発酵させた生地は、畳んで広げ、冷蔵庫で30分置く。

5　成形。4の生地を台に出し、粉をふって麺棒で1cm厚さほどに延ばす。

6　5の生地に黒胡椒をふり、ほうれん草、ベーコン、シュレッドチーズをのせて均等に広げる。

7　6は端からきっちりと巻き込み(b)、小口から4～5cm幅でカットしたら、そのまま包丁で細かく刻む(c)。

8　二次発酵。7は100gに分けて握って丸め、天板に置き2次発酵(d)。36℃で50分。

9　発酵後、シュレッドチーズをかける。

10　焼成。上火220℃・下火190℃で14分焼成する。

11　焼けたら窯から出し、「太香胡麻油」をぬる。

ガーリックトーストポタージュ

フランスパンにガーリックバターをぬってカリッと焼き上げ、そこにバターの風味をきかせたマッシュポテトをのせ、ポタージュスープを流しました。ポタージュスープは市販品でさまざまな野菜を使ったものが出ています。どれも合いますので、お好きな種類を試してみてはいかがでしょうか。

材料(1人分)

フランスパン(2cm厚さ)	1枚
ガーリックバター(下記参照)	適量
マッシュポテト(下記参照)	40g
ポタージュスープ	150g
「すぐに使える かける本バター」	適量
黒胡椒	適量
クレソン	適量

作り方

1 パンはガーリックバターをぬる(a)。オーブンで焼いてカリッとさせる。

2 1にマッシュポテトをぬる(b)。

3 2は器に盛り付け、周りからポタージュスープを流す(c)。

4 スープの上に「すぐに使える かける本バター」を流し(d)、黒胡椒をふる。クレソンを飾る。

◎ ガーリックバター

材料(作りやすい分量)

バター	450g
にんにく(みじん切り)	100g
塩	7.2g
パセリ(乾燥させたもの)	適量

作り方

1 バターは常温で柔らかくしておく。

2 1と残りの材料をボールに入れ、よく混ぜ合わせる。

◎ マッシュポテト

材料(5個分)

じゃが芋(蒸したもの)	160g
牛乳	40g
「すぐに使える かける本バター」	5g
塩	2g
白胡椒	0.5g

作り方

1 蒸したじゃが芋は、皮をむいてボールに入れ、軽くつぶしたら、牛乳を加えて混ぜ、なめらかな状態にする。

2 残りの材料を加えて混ぜ(e)、味を調える。

サーモンのムニエル

ライ麦パンとチーズは、相性の良い組み合わせ。そこに皮目を香ばしくソテーした
サーモンをのせてソースをかけ、ちょっと豪華な一品に仕立てました。ソースは、
トマトにポン酢醤油を合わせ、尖った酸味をまろやかにするために、バターの風味
をきかせています。意外な組み合わせですが、美味しいソースに仕上がります。

材料(1人分)

ライ麦パン(25ページでレーズンとクリームチーズを
加えず焼いたもの。1.5mm厚さカット) ……………1枚
モッツァレラチーズ(1cm厚さカット) ……………15g
サーモン(切り身) ……………………………………80g
塩 ……………………………………………………適量
小麦粉 ………………………………………………少量
オリーブオイル ……………………………………適量
「すぐに使える かける本バター」 ………………適量
ポン酢バターソース(下記参照) …………………80g
ディル ………………………………………………適量

作り方

1　ライ麦パンは、モッツァレラチーズをのせる(a)。皿に盛
り付けておく。
2　サーモンを調理する。サーモンは塩をして15分ほどおい
たら、余分な水けを拭き取り、小麦粉を薄く付けて、オリー
ブオイルを熱したフライパンで皮目から焼く。
3　皮目が焼けたら、弱火にして「すぐに使える かける本
バター」を入れ(b)、全体に火を通し、1のモッツァレラチー
ズの上に盛り付ける。
4　3のフライパンに、ポン酢バターソースを入れ、トマトが
煮崩れたら火から下す(c)。
5　3のサーモンの上から、4のソースをかける。ディルを飾る。

◎ポン酢バターソース

材料(作りやすい分量)

ポン酢醤油 …………………………………………大さじ2
トマト(さいの目切り) ……………………………1/2個分
「すぐに使える かける本バター」 ………………15g

作り方

1　熱したフライパンにトマトとポン酢醤油を入れて温める。
2　材料が温まってきたら、「すぐに使える かける本バター」
を加えてかき混ぜ(d)、火から下す。

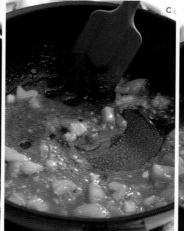

エビしんじょうを使った
パンの天ぷら

エビしんじょうをパンにぬって揚げた「エビパン」は、関西では酒の肴として
知られています。それを、パンをメインにボリュームアップしました。揚げて
いる間にエビしんじょうが出ないよう、パンをしっかりと留めるのがポイント。
塩を付けて食べると、晩酌のビールが進む一品になります。

材料(1人分)

食パン(サンドイッチ用)	2枚
エビしんじょう(下記参照)	70g
大葉	1枚
梅肉	5g
揚げ油	適量
粗塩	適量

作り方
1 食パンは、耳を落としておく。
2 1のパンにエビしんじょうをのせ(a)、その上に大葉をの
せたら、梅肉をのせる。
3 もう1枚の食パンを重ね(b)、縁をつまんでくっつける感
覚で押さえて留める(c)。
4 180℃の揚げ油に入れ、5分ほどかけてじっくりと揚げる
(d)。
5 色よく揚がったら油をきり、器に盛り付ける。粗塩を添える。

◎ エビしんじょう

材料(2個分)

エビ	60g
はんぺん	80g
片栗粉	15g

作り方
1 エビは頭と足、尾、殻を取り除き、背ワタを取って刻む。
2 ボールにはんぺんを手でちぎって入れる。
3 2のボールに1のエビを加えて混ぜたら、片栗粉を入れて
粘りが出るまで手でよく混ぜ合わせる。

塩麹漬けの鶏肉

メイン素材の鶏肉は、塩麹をしみ込ませ、上品な塩けと甘さをプラスして焼き上げます。組み合わせるカンパーニュは、鶏肉の味わいを受け止められるよう、にんにくとトマトでパン・コン・トマテにしています。塩麹が焦げやすいので、鶏肉は弱火でじっくりと焼いて火を通してください。

材料(1人分)

カンパーニュ(2〜3cm厚さ)	1枚
フルーツトマト	1/2個
にんにく	1片
鶏モモ肉	300g
塩麹	30g
赤・黄ピーマン(1cm角切り)	各1/4個分
ズッキーニ(1cm角切り)	1/3本分
オリーブオイル	適量
塩・胡椒	各適量
エルブドプロヴァンス	適量

作り方

1 鶏モモ肉は、表面に塩麹をぬって1日おいておく。

2 赤・黄ピーマンとズッキーニは、オリーブオイルでマリネしたら、フライパンに移し、塩、胡椒をして軽くソテーして取り出しておく(a)。

3 カンパーニュは、トースターで焼いて表面をカリッとさせる。

4 3の表面ににんにくをこすりつけ(b)、さらにトマトもこすりつけて(c)、パン・コン・トマテを作り皿に盛る。

5 フライパンにオリーブオイルを熱し、1の鶏肉をソテーする(d)。焦げやすいので、弱火でじっくりと焼き上げる(e)。

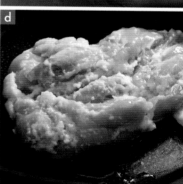

6 火が通ったら取り出し、食べやすい大きさに切り分ける。

7 4のパン・コン・トマテの上に6の鶏肉を盛り付け、周りに2の野菜類を添える。エルブドプロヴァンスをふる。

『Ça Marche』

西川功晃

オーナーシェフ

パンとの自由な組み合わせを楽しむ

　パン店の多い神戸でも、"三宮でパン好きが行く店といえばココ"として知られる人気店、『サ・マーシュ』。店内には、オーナーシェフの西川さんが作る米粉100％のパンをはじめ、斬新な発想のパンがずらりと並んでおり、いつ行っても大賑わいのお店だ。

　「オーブンが小さいご家庭でのパン作りでは1回の焼成個数が少なく、たくさんの生地を作って焼いても、次に焼くまで待ち時間ができてしまいます。そこでベンチタイムを調整して窯入れの時間差を作り、効率的に焼くアイデアのパンをご紹介しました」と西川シェフ。

　パン料理では、カンパーニュをベースのパンとして、手軽な食事から重めの食事、それにデザートまでを幅広くご紹介していただいた。「パンとの組み合わせは自由です。専門店のお惣菜のように、特別美味しいものが手に入ったときには、美味しいパンと上手に組み合わせて、料理として楽しんでいただきたいと思います」（西川シェフ）

サ・マーシュ
『Ça Marche』

［住所］兵庫県神戸市中央区山本通3-1-3
［電話］078-763-1111
［営業時間］10:00〜18:00
［定休日］月曜日、火曜日、水曜日

米粉50％のパン

小麦粉に米粉が50％入ることで、もちもちとした食感の美味しいパンになります。焼き魚や煮込み料理など、和の料理と相性が良いのも特徴です。お漬物を挟んでも美味しいと思います。ここでは一つの生地で2つのパンを作りました。分割の時にベンチタイムを取るか取らないかで、窯入れに時間差を作れて、効率的に2種類のパンを焼くことができます。

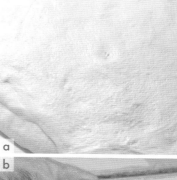

材料(42個分)

うるち米粉	500g
「日清 カメリヤスペシャル」	500g
グルテン	100g
グラニュー糖	60g
塩	15g
イースト	10g
水	880g
「太白胡麻油」	50g

作り方

1　ミキシング。ミキシングボールに「太白胡麻油」以外の材料全てを入れる。低速で3分、高速で8分混ぜたら、「太白胡麻油」を入れ、低速で3分、高速で1分混ぜ合わせる。捏ね上げ温度24℃。

2　一次発酵。温度30℃・湿度75％で30分発酵させたら、パンチをしてさらに30分発酵させる(a)。

Ⓐ

3　分割・ベンチタイム。2の生地は、1個50gに分割し、軽く丸めたら、ベンチタイムを30分取る。

4　成形。3の生地は軽く押さえ、蜂蜜漬けの梅干しの実を適量のせ(b)、三辺を折り込んで包み、三角形に成形する。

5　二次発酵。霧を吹きかけ、温度30℃・湿度75％で30分発酵させる。

6　パレットナイフをのせて粉をふる(c)。

7　焼成。スチームを入れて、上火250℃・下火230℃で8分焼く。

Ⓑ

3　分割。2の生地は、1個50gに分割。四角く分割し、丸めない(d)。

4　二次発酵。霧を吹きかけ、温度30℃・湿度75％で30分発酵させる。

5　4は「太白胡麻油」をぬり(e)、箸などでピケをして塩をふる。または油はぬらず粉をふりかける。

6　焼成。スチームを入れて、上火250℃・下火230℃で9分焼く。

セミハードロール

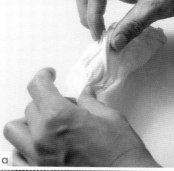

生地にマスカルポーネチーズやバターなどを加えた、歯切れが良く深み
のある味わいが楽しめるパンです。ハード系のパンは時間を置くと硬く
なりがちですが、このパンは冷たくなってもかじりやすい、食べやすいの
が特徴です。こちらも一つの生地で2種類のパンを作りました。一つは
プレーンなパン、もう一つは煮た豆や芋とチーズを包んだものです。

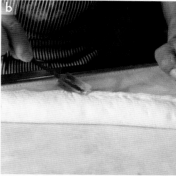

材料（Aで10個分、Bで20個分）
「日清 カメリヤスペシャル」	1000g
グラニュー糖	30g
塩	15g
イースト	10g
水	700g
「タカナシ 北海道マスカルポーネ」	200g
「すぐに使える かける本バター」	50g

作り方

1　ミキシング。「すぐに使える かける本バター」以外の材料をミキサーボー
ルに入れてミキシングする。低速3分、高速で6分混ぜたら、「すぐに使え
る かける本バター」を加え、低速3分、高速で4分混ぜる。捏ね上げ温度
24℃。
2　一次発酵。温度30℃・湿度75%で30分発酵させたら、パンチをしてさ
らに30分発酵させる。

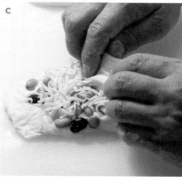

Ⓐ
3　分割。2の生地は200gに分割したら、軽くたたいて細長くし、長辺の両
端から生地を寄せてつまんで綴じる（a）。転がして細長くしたら、キャンバ
ス生地にのせる。
4　二次発酵。3の生地は温度30℃・湿度75%で20分発酵させる。
5　焼成。4の生地はクープを入れ（b）、スチームを入れた窯で、上火
240℃・下火230℃で13分ほど焼く。

Ⓑ
3　分割。2の生地は100gに分割したら、二つ折りし、綴じ目を下にして叩く。
4　成形。3の生地は底面を上にして少したたいて広げたら、生地1個につ
き煮豆を35gのせる。その上にミックスチーズを20gのせ、端から丸め（c）、
両端を綴じる。
5　真ん中から半分にカットし、断面を上から軽く押さえる（d）。
6　二次発酵。霧を吹きかけ、温度30℃・湿度75%で30分発酵させる。
7　焼成。6の生地の上に、レモン煮にしたさつま芋のスライスを3枚のせ（e）、
パルメザンチーズ、塩をふり、スチームを入れた窯で焼成する。温度は上
火250℃・下火230℃で、11分焼く。

イベリコ豚のポレンタソース

トウモロコシ粉のお粥のようなポレンタは、北イタリア料理で肉料理の付け合わせに使われる素材。
ただ、食べ方がよくわからないという声も聞きますので、パンと合わせて手軽に楽しめるようにしました。
美味しいイベリコ豚に、酸味のきいたリンゴのソテーも合わせ、充実した味わいになっています。

材料(1人分)

カンパーニュ	30g
ポレンタソース(下記参照)	80g
イベリコ豚(下記参照)	80g
リンゴのソテー(下記参照)	40g
ベビーリーフ	適量
フライドポテト(塩無し)	適量
チャービル	適量

作り方

1 皿にカンパーニュを盛り付け、ポレンタソースを流す(a)。
2 イベリコ豚、リンゴのソテーをのせる(b)。
3 ベビーリーフをちらし、フライドポテトをのせる(c)。チャービルを飾る。

◎ ポレンタソース

材料(作りやすい分量)

ポレンタ粉(目の細かいコーングリッツ)	100g
コーンスープ	100g
水	200g
バター	50g
塩	5g

作り方

1 鍋に水とコーンスープ、塩を入れて火にかけ、沸騰したらポレンタ粉とバターを入れる。
2 中火にして、鍋底が焦げ付かないよう木杓子で絶えず混ぜながらぐつぐつとした状態を保ち、もったりとしたら火から下す。

◎ イベリコ豚

材料(1人分)

イベリコ豚モモ肉	80g
バター	適量
塩・胡椒	各適量

作り方

1 イベリコ豚は、食べやすい大きさにカットしておく。
2 フライパンにバターを熱し、1をソテーする。
3 塩、胡椒で味を調え、火から下す。

◎ リンゴのソテー

材料

リンゴ	1個
カルダモン酢	適量
バター	適量

作り方

1 リンゴは皮をむき、芯を取り除いて、ざく切りにしておく。
2 鍋にカルダモン酢を入れて火にかけ、軽く煮詰めたら、1のリンゴを加えて火を入れる。
3 水分が飛んだら、バターを加えて和え、火から下す。

Ça Marche_04

焼きサバ、シシャモともろみ味噌

お粥をソース代わりに使った、優しい味わいです。サバやシシャモなど、和テイストの魚が、パンと結び付くのが意外で面白いところ。ここではもろみ味噌を使いましたが、和テイストの海苔の佃煮でもいいでしょう。年配の方にもおすすめしやすいパン料理です。

材料（1人分）

カンパーニュ	30g
サバ（切り身）	70g
シシャモ	2尾（25g）
もろみ味噌	20g
イカ	70g
塩・胡椒	各適量
オリーブオイル	適量
太白ごま油（またはごま油）	適量
お粥（市販品）	150g
クコの実	適量
松の実	適量
キドニービーンズ	適量

作り方

1　サバは皮に切れ目を入れ、油を熱したフライパンで皮の側から入れて火を通しておく。

2　イカは食べやすいよう包丁目を入れたら、塩、胡椒をし、別のフライパンにオリーブオイルを入れて熱した中に入れて軽くソテーしておく。

3　シシャモはグリル板にのせて加熱し、火を通しておく。

4　お粥は温めておく。

5　カンパーニュにもろみ味噌をぬり（a）、味噌をぬった面を上にして皿にのせる。

6　5の上に、1、3、2の順で盛り付ける（b）。

7　6のパンのまわりにお粥を流し、クコの実、松の実、キドニービーンズ、小豆をちらす。太白ごま油かごま油をかける（c）。

ロースハムとキャロットラペ

a

パンと洋風の保存食を、複数組み合わせたこの料理。ポイントは実はレタスです。
食べてみてレタスのシャキシャキ感と共に楽しむ食感が、面白いと思いました。
美味しいロースハムやキャロットラペが手に入ったときに、ぜひ試してみてください。

b

材料(1人分)	
カンパーニュ	30g
キャロットラペ(市販品)	50g
レタス	45g
ロースハム(スライス)	40g
コルニッション(小口切り)	適量
粒マスタードソース(下記参照)	適量

作り方
1 皿にカンパーニュをのせ、その上にキャロットラペをのせる。
2 レタスを手でちぎってのせ(a)、さらにその上にロースハムをのせる。
3 コルニッションをちらし、粒マスタードソースをかける(b)。

c

◎ 粒マスタードソース

材料(作りやすい分量)	
粒マスタード	50g
「すぐに使える かける本バター」	50g

作り方
1 容器に粒マスタードと「すぐに使える かける本バター」を入れ(c)、軽く混ぜ合わせる。

ベーコン、ソーセージとレンズ豆

ベーコン、ソーセージやハムは、家庭の冷蔵庫にはどれか一つは
ある素材。それに季節のフルーツを合わせました。ここではイチジ
クを使いましたが、イチゴでも面白いと思います。冷蔵庫にある素
材に季節感を加えて、いつもとは違う楽しみ方をしてみてください。

材料(1人分)
カンパーニュ ……………………30g
ベーコン(厚切り) ……………35g
レンズ豆のサラダ(市販品) …60g
ソーセージ ……………………20g
ロースハム(スライスを1/2カット)
…………………………… 3枚(20g)
イチジク(1/6カット) … 3個(35g)
粒マスタードソース(45ページ参照)
……………………………… 適量

作り方
1 ベーコンはフライパンにのせて火にかけ、油を
落として香ばしく焼いておく。
2 ベーコンを取り出したフライパンにソーセージ
を入れて火にかけ、転がしながら色よく焼いておく。
3 カンパーニュを皿にのせ、レンズ豆をのせて平
らにする。
4 3の上に1、2をのせ(a)、円錐状に丸めたロー
スハムものせる。
5 仕上げにイチジクをのせたら、粒マスタードソー
スをかける(b)。

Ça Marche_07

パンのおでん

寒い冬場に食べたくなるおでんはパンとは結び付かない料理ですが、意外な美味しさ。おでんのだしをパンに浸して食べるという楽しみが増えます。パンを組み合わせて、フォーク・ナイフで和のポトフのような感覚でいただくと、おでんの具がさらに広がります。

材料(1人分)

カンパーニュ	100g
「すぐに使える かける本バター」	30g
「三州三河みりん」	10g
おでん(市販品)	1袋
ソーセージ	1本
プチトマト	2個
じゃが芋(塩茹で)	1/4個
プチ玉ねぎ	1個
みりんバター(下記参照)	適量

◎ みりんバター

材料

「すぐに使える かける本バター」	適量
三州三河みりん	「すぐに使える かける本バター」と同量

作り方

1 容器に「すぐに使える かける本バター」を入れ(c)、同割の「三州三河みりん」を加えて軽く混ぜる。

作り方

1 カンパーニュは食べやすいひと口サイズにカットする。

2 フライパンに「すぐに使える かける本バター」を入れて火にかけ、1を加えて焼き色が付くまで加熱する。

3 パンが色付いたら「三州三河みりん」を加え、全体によくからめる(a)。

4 おでんは鍋で温め、ソーセージ、薄皮をむいたプチ玉ねぎ、じゃが芋を入れて煮る。野菜に味が入ったら、プチトマトを入れて温める。

5 器に3のパンを入れ、4のおでんの具、人参、紫玉ねぎを盛り付ける。

6 5で残った煮汁をかけ、みりんバターをかける(b)。

コーヒー風味のパン、マスカルポーネ、オレオ

液体に寒天を加え、パンを入れて冷やし固めました。パンは、ここでは贅沢なデザートをイメージしてブリオッシュを使いましたが、食パンやロールパンなど、液体がしみ込むパンなら何でも大丈夫です。柔らかいので、コーヒーを野菜ジュースに代えると、高齢の方にも食べやすく健康的な一品になります。

材料(1人分)

コーヒー風味のパン(右記参照)	約100g
マスカルポーネチーズ	80g
グラニュー糖	10g
オレオ	3個
栗渋皮煮	60g
ココアパウダー	適量

作り方

1 マスカルポーネチーズはボールに入れ、グラニュー糖を加え、泡立て器で混ぜておく。
2 コーヒー風味のパンは、食べやすい大きさにカットして皿にのせる。
3 1のマスカルポーネを絞り袋で絞り(a)、オレオを盛り付ける。
4 栗渋皮煮を添え(b)、ココアパウダーをふる(c)。

◎コーヒー風味のパン

材料

カスタードブレッド(ブリオッシュ)	60g
コーヒー	100g
グラニュー糖	10g
粉寒天	2g

作り方

1 グラニュー糖と粉寒天は、容器で合わせておく。
2 コーヒーを鍋に移して火にかけ、沸騰したら1を加えて溶かす。
3 グラニュー糖と粉寒天を溶かしたら保存容器に移し、パンを入れてふたをし、粗熱を取って冷蔵庫に入れ、固まるまで保存する(d)。

Ça Marche_09

フルーツとベリーのデザート

カンパーニュに色々なフルーツを組み合わせた、ボリューム感のあるデザートです。クリームには甘みは加えずに泡立てることで、よりフルーツの甘さを楽しむことができます。コンビニなどで手軽に手に入るフルーツを使い、手軽に楽しんでみてはいかがでしょうか。

材料（1人分）

カンパーニュ	30g
生クリーム	50g
サワークリーム	50g
イチジク（1/4カット）	4個（50g）
オレンジ、ピンクグレープフルーツ（薄皮を除いたもの）	計40g
ミックスベリー	50g
バニラアイス	適量
ミント	適量
粉糖	適量

作り方

1 生クリームとサワークリームをボールに入れ、硬く泡立てる。
2 カンパーニュを皿にのせ、1をたっぷりとのせて平らにする（a）。
3 2にフルーツとベリー類を彩りよく盛り付ける（b）。
4 バニラアイスはスプーン2本を使ってクネル形にして中央にのせ（c）、ミントを飾る。粉糖をふる。

『雨の日も 風の日も』

小島秀文

代表

野菜が摂れて満足度の高いパン料理

　京都市北部の名所・大徳寺にほど近い場所にあって、パン好きがわざわざ通うお店が『雨の日も風の日も』だ。オーナーシェフの小島さんは、神戸や京都の名店、ホテルで修業後、2011年にお店を開業。パンの各種コンクールでの受賞歴も多い実力派シェフである。

　「パンは、形がちょっと面白いものを選びました」と小島シェフ。「一つはリング型、もう一つが赤い色のパン。同じ赤い生地でミニ食パンと板状のパンを作りました。見た目も楽しいので、ぜひ作ってほしいですね」（小島シェフ）

　パンの料理も、意外性に富んだものばかり。「周りを見渡すと、女性に限らず男性でも野菜がいっぱい摂れて、満足感のある食事を求めていると感じます。それが、パンと料理の組み合わせで簡単に作れます。そうした想いから、ご紹介したパン料理は、ご家庭でもちょっと頑張ったら作れるものを意識しています。見た目にも楽しいので、ぜひチャレンジしてください」（小島シェフ）

『雨の日も　風の日も』

[住所]京都府京都市北区紫野東野町6
[電話]075-432-7352
[営業時間]8:00〜18:00
[定休日]木曜日、日曜日

雨の日も 風の日も _01

エンゼル

リング型を使って焼き上げたパンです。捏ねて分割・ベンチ
タイムまで置いた生地を、いったん麺棒で平たく延ばし、そ
れを端からきっちりと巻いて、縦に細長くカット。それをツイ
スト状に編むことで、写真のような生地の仕上がりになりま
す。焼き上がりに、バターの風味をきかせて仕上げます。

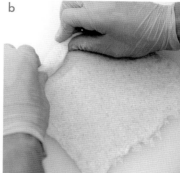

材料(作りやすい分量・%)

全粒粉湯種

全粒粉	150g	(30)
熱湯	150g	(30)
粗製糖	20g	(4)
塩	10g	(2)

本捏ね

全粒粉湯種	330g	(66)
強力粉	350g	(70)
インスタントドライイースト	2.5g	(0.5)
水	250g	(50)
「太白胡麻油」	15g	(3)

溶かしバター	適量
塩…	適量

作り方

1　全粒粉湯種を作る。ボールに熱湯以外の材料を入れ混ぜる。

2　1に熱湯を入れ、ゴムベラで粉けがなくなるまで混ぜる。

3　粗熱を取ってラップをし、冷蔵庫で3時間以上休ませて全粒粉
湯捏ね生地の完成。

4　本捏ねのミキシング。「太白胡麻油」以外の材料をミキシングボー
ルに入れ、1速で2分、2速で3分、3速で2分回したら、「太白胡麻油」
を投入し、1速で1分、2速で2分、3速で1分回し、生地を取り出す。

5　一次発酵。温度28℃・湿度75%で45分置いたら、パンチを行い、
さらに45分発酵させる。

6　5の生地は、取り出して乾燥しないようラップなどをかけ、5℃の
冷蔵庫で12時間低温発酵させる(a)。

7　分割。6の生地は冷たいまま、1個130gに分割し、軽く丸める。

8　ベンチタイム。5℃の冷蔵庫で30分寝かせる。

9　成形。生地を縦25cm×横30cmに麺棒で延ばす。

10　溶かしバターをハケで塗り、塩をまぶす。

11　奥側から生地を巻いていき35cmの棒状にする。この時、生地
の手前の端を台に張り付けておくと、作業しやすい(b)。

12　縦にカットし、ツイスト状に編んだら(c)、リング状にして型に入れ
る(d)。

13　二次発酵。温度30度・湿度75%で60分発酵させる。

14　焼成。上火210℃・下火210℃のオーブンで23分焼成する。

15　焼き上がったらオーブンから出し、表面に溶かしバターをぬる(e)。

ビーツの食パン

元々の食パン生地に、ビーツのパウダーを配合し、これまでの食パンにはない赤い色のパンに仕上げました。この生地では、通常の食パン型に入れて焼いたもの以外に、60ページの料理用に麺棒で延ばして平たく焼いたパンも作りますので、両方の作り方を紹介しておきましょう。

材料(%)

湯種

「日清 Wheat＆Bake ゆめちから」 ……………… 10

熱湯 ………………………………………… 9

米油 ………………………………………… 1

本捏ね

「日清 Wheat＆Bake ゆめちから」 ……………… 87

ビーツパウダー ……………………………… 3

湯種 ………………………………………… 20

インスタントドライイースト ……………… 1

粗製糖 ………………………………………… 5

塩 …………………………………………… 2

脱脂粉乳 ……………………………………… 2

生クリーム …………………………………… 10

水 …………………………………………… 60

米油 ………………………………………… 3

溶かしバター ………………………………… 適量

作り方

1 湯種を作る。ボールに全材料を入れ、ゴムベラで粉けがなくなるまで混ぜる。

2 粗熱を取ってラップをし、冷蔵庫で3時間以上休ませて湯種の完成。

3 本捏ね。ミキシングボールに米油以外の材料を材料を入れ、1速で2分、2速で3分、3速で2分回したら、米油を投入し、1速で2分、2速で2分、3速で1分回して終了。捏ね上げ温度は28℃。

4 一次発酵。温度28℃・湿度75%で45分発酵させたら、パンチを入れ、さらに45分発酵させる。

5 分割。4の生地は、1個370gに分割する。

6 ベンチタイム。5の生地をまとめて、20分休ませる。

7 成形。6の生地は麺棒を使って1.5㎝厚さの長方形に延ばし、手前1/3と奥から1/3のところから中央に折りたたみ、さらに半分に折りたたんでなまこ型にし、縦9cm×横20cm×高さ6cmのワンローフ型に入れる(a)。

8 二次発酵。温度38℃・湿度75%で60分発酵させる。

9 焼成。上火200℃・下火230℃の窯で25分焼く(b)。

◎ 平焼きパン

材料

上記作り方4の生地 ……………………… 250g

溶かしバター ……………………………… 適量

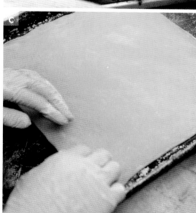

作り方

4 上記「ビーツの食パン」の4までは同じ。捏ねた生地は、1個250gに分割する。

5 ベンチタイム。冷蔵庫で20分休ませる。

6 成形。麺棒で28cm×28cmに延ばしたら、そのまま天板にのせ(c)、乾燥しないように袋をかける。

7 二次発酵。温度38℃・湿度80%で60分発酵させる。

8 焼成。7の生地はピケを打ち、天板ごと上火180℃・下火180℃のオーブンに入れ、7分焼成する。

9 窯から出したら、表面に溶かしバターをぬる(d)。

生ハムとモッツァレラのスモーブロー

53ページで作った「エンゼル」を使った一品です。心地好いバターの香りのパンをベースにして、
上にのせた具材を楽しませます。横半分にカットし、下の生地にブルーベリーポテトサラダをぬり、
生ハムときゅうりを巻いたモッツァレラチーズ、プチトマトをのせて、中央に茹で玉子を盛りました。

材料(1人分)

エンゼル(53ページ参照)	1個
「すぐに使える かける本バター」	適量
ブルーベリーポテトサラダ(下記参照)	40g
モッツァレラチーズ(ひとくちサイズのもの)	20g
生ハム	20g
きゅうり(ピーラーで縦に薄くスライス)	30g
プチトマト	35g
茹で玉子(1/2カット)	1個
バジルソース(下記参照)	8g
ディル	適量
ピンクペッパー	適量

作り方

1 パンは横半分にスライスし、上半分は取っておく。
2 1のパンは、下半分の断面に「すぐに使える かける本バター」をぬる(a)。
3 ブルーベリーポテトサラダをのせる(b)。
4 生ハムときゅうりを重ね、モッツァレラチーズをのせて巻く(c)。
5 3に4を5か所並べ、プチトマトをのせ、チーズ部分にバジルソースを垂らす(d)。
6 ディルとピンクペッパーを適量ちらし、中心に茹で玉子をのせる。
7 1で取っておいたパンの上半分を、霧吹きしてトースターで3分程度暖め、6の横に添える。

◎ バジルソース

材料(4人分)

バジル	8g
くるみ	2g
エダムチーズ	5g
「すぐに使える かける本バター」	20g
マヨネーズ	10g

作り方

1 全材料をフードプロセッサーに入れて、
ペースト状になるまで混ぜる。

◎ ブルーベリーポテトサラダ

材料(4人分)

じゃが芋(3cm角切り)	110g
クリームチーズ	32g
冷凍ブルーベリー	16g
生クリーム	6g

作り方

1 じゃが芋は、沸騰した湯で15分程度
茹でたら、ザルにあけて水けをきる。
2 1をマッシャーでつぶし、室温で柔らか
くしたクリームチーズ、ブルーベリーを合
わせる。
3 生クリームを徐々に加えて、やわらかく
する。

シェパーズパン

シェパーズとは「羊飼い」のこと。イギリスの料理で、羊肉を調理して
耐熱容器に入れ、パイ皮ではなくマッシュポテトでふたをして焼きます。
手軽に作れるよう合挽き肉に代え、パンを具として加えてボリュームアッ
プしました。ここで使うパンは、だし汁と醤油をしみ込ませ、和の印象
も出しました。

58

材料（縦11cm×横20cm×深さ5cmの耐熱容器1台分）

だし風味のパン（下記参照） 80g	オリーブオイル …………………10g
ミートソース（下記参照）… 250g	ローズマリー ………………… 適量
マッシュポテト（右記参照）250g	パプリカ（パウダー）…… 適量
エダムチーズ …………………16g	
プチトマト（1/2カット）……65g	

作り方

1 耐熱容器にミートソースを入れたら、パンを並べる(a)。

2 1のパンの上からマッシュポテトを絞り袋で絞り(b)、プチトマトを並べて、エダムチーズをふる(c)。

3 上火230℃・下火210℃のオーブンで、15分程度焼く。

4 窯出し後オリーブオイルをかけ、ローズマリー、パプリカパウダーをトッピングする。

◎ だし風味のパン

材料（8人分）

パン・オ・ルヴァン ………… 250g
だし汁 ………………………75g
醤油 …………………………3g

作り方

1 パンは、3〜4cm程度にカットする。

2 ポリ袋に1とだし、醤油を入れて軽く混ぜ、冷蔵庫で1時間程度休ませる。

◎ ミートソース

材料（8人分）

にんにく（みじん切り） ………5g	塩 ……………………………2g
玉ねぎ（5mm角切り） ………60g	胡椒 …………………………少々
人参（5mm角切り） …………50g	トマト水煮 …………………250g
ピーマン（5mm角切り）………50g	ウスターソース ………………20g
セロリ（5mm角切り） ………50g	固形スープ …………………5g
大豆水煮（缶）…………… 170g	赤ワイン ……………………100g
合挽き肉 ………………… 400g	ナツメグ ……………………1g
オリーブオイル …………… 20g	黒胡椒 ………………………1g

作り方

1 オリーブオイルとにんにくをフライパンに入れて火にかけ、香りが出るまで炒めたら、合挽き肉を加えてさらに炒める。

2 1に玉ねぎ、人参、ピーマン、セロリを加え、塩・胡椒をして炒める。

3 野菜がしんなりしたら、トマト水煮、ウスターソース、固形スープ、赤ワインを加えて中火で加熱する。

4 沸騰したら弱火に落とし、大豆水煮を加え、20分程度煮込んだら、ナツメグ、黒胡椒を加えて火から下し、冷ます。

◎ マッシュポテト

材料（8人分）

じゃが芋（皮をむいて3cm角にカットしたもの）
……………………………………740g
有塩バター …………………… 34g
生クリーム …………………… 110g
ホワイトソース（下記参照）…… 110g
塩 …………………………… 2.5g
白胡椒 ………………………少々

作り方

1 じゃが芋は、鍋で20分程度茹でる。

2 火が通ったら湯をきり、マッシャーでつぶす。

3 2に有塩バター、ホワイトソース、塩、胡椒を入れてヘラで混ぜる。

4 生クリームを少しずつ加えて、なめらかになるまで混ぜる。

◎ ホワイトソース

材料（作りやすい分量）

3.6牛乳…500g
生クリーム（乳脂肪分40%）………………… 75g
飴色に炒めた玉ねぎ ………………… 10g
塩 …………………………………… 1.5g
黒胡椒 ……………………………… 0.5g
薄力粉 ……………………………… 40g

作り方

1 ボールに牛乳以外の材料を入れてホイッパーで混ぜる。

2 牛乳を鍋に入れて火にかけ、沸騰させる。

3 沸騰した牛乳の一部（100g程度）を、少しずつ1のボールに加えて柔らかくしていく。

4 3が混ざったら2の残りの牛乳を加える。

5 再び火にかけ、混ぜながら加熱し、沸騰したら火を止めてバットにとり、冷却する。

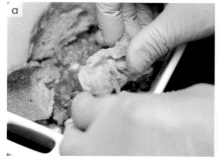

パンでスモークサーモンのサラダ巻き

平たく焼いたパンを使い、具材を巻き込んで、一口で一度にパンと具材を口にできるようにしました。使ったのは55ページのビーツの平焼きパンで、元々は食パン生地です。スモークサーモンにリンゴのソテー、野菜類をまんべんなくパンに広げて巻き込みます。巻き込む具材は少し多めに表記していますので、お好みで調節してください。

材料(28cm長さ1本分)

ビーツの平焼きパン(55ページ参照)	……230g
サワークリーム	……40g
レタス	……30g
玉ねぎ(スライス)	……40g
キャロットラペ(下記参照)	……60g
スモークサーモン	……100g
リンゴソテー(右記参照)	……50g
食パンのピック(右記参照)	……適量
ヨーグルトソース(右記参照)	……適量

作り方

1 ビーツの平焼きパンにサワークリームをぬり(a)、レタスを全体に敷き詰める。

2 玉ねぎスライス、キャロットラペをちらす。

3 スモークサーモンとリンゴソテーを並べる(b)。

4 手前から巻いていき(c)、端まで巻いたらラップで包んで冷蔵庫で15分程度休ませる。

5 4cm幅程度にカットしたら(d)、巻き終わり部分を食パンのピックを刺して留める。

6 器に盛り付け、ヨーグルトソースを別容器に入れて添える。

◎ キャロットラペ

材料(34cm生地5本分)

人参(細切り)	……250g
酢	……50g
「すぐに使える かける本バター」	……20g
粗製糖	……7g
塩	……1.5g
黒胡椒	……少々

作り方

1 細切りにした人参は、10分程度水に浸ける。

2 1の水けをきり、他の材料とともにボールで合わせる。

3 冷蔵庫で1時間以上休ませる。

◎ リンゴソテー

材料(34cm生地3本分)

リンゴ	……200g
バター	……20g
バニラビーンズ	……1/6本
粗製糖	……12g
粉寒天	……2g

作り方

1 リンゴは皮をむいて芯を取り、1/16のくし切りにする。

2 1と他の材料を鍋に入れて火にかける。

3 木べらで混ぜながら、やや茶色になるまで加熱する。

◎ ヨーグルトソース

材料(2人分)

カスピ海ヨーグルト	……100g
「すぐに使える かける本バター」	……10g
塩	……少々
マヨネーズ	……10g
レモン汁	……5g

作り方

1 全材料をボールに入れ、ホイッパーで混ぜる。

◎ 食パンのピック

材料

食パンの耳	……適量

作り方

1 食パンの耳は、3cm×1.5cmのくさび型にカットする。

2 1を100℃のオーブンで60分焼く。

a

b

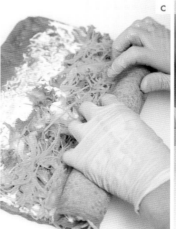

c

d

鶏肉ソテートマトソース　たっぷり野菜と共に

料理は野菜炒めと鶏肉ソテー、器は丼ですが、中はご飯ではなくパンです。日常の"おかず"にも、パンを合わせて楽しめるようにと考えた一品です。パンはバゲットで、料理に負けないようガーリック味にしています。スティック状と、それを薄くスライスしたものを盛り、食感にも変化を付けました。

材料(1人分)
フリルレタス ……………………………15g
野菜炒め(右記参照) ……………………130g
鶏肉ソテートマトソース(下記参照) …150g
ガーリックチップス(右記参照) …………30g
ガーリックスティック(右記参照) ………20g
万願寺唐辛子 ……………………………16g
ブロッコリースプラウト ……………… 適量

作り方
1 丼の内側面にフリルレタスを敷き、底にガーリックチップスを入れる。
2 1に野菜炒めを高く盛り(a)、鶏肉ソテーを盛り付ける。
3 万願寺唐辛子は縦にカットし、軽く塩をまぶしてフライパンで焼き目を付け、2に盛り付ける。
4 ガーリックスティックを2本さし(b)、ブロッコリースプラウトをちらす。

◎ 鶏肉ソテートマトソース
材料(3人分)
鶏モモ肉(ひと口大カット) ……………330g
オリーブオイル ……………………………10g
トマト(1cm角切り) ……………………165g
大葉(細切り) ………………………………6g
トマトジュース ……………………………110g
醤油 …………………………………………17g
白胡椒 …………………………………… 少々

作り方
1 鶏モモ肉は、オリーブオイルを熱したフライパンで炒める。
2 肉の色が変わったら、トマトと大葉を加える(c)。
3 トマトジュース、醤油を加え、弱火で5分程度火を入れる。
4 白胡椒を加えて火を止める。

◎ 野菜炒め
材料(3人分)
キャベツ(5cm大のざく切り) … 240g
もやし ……………………………… 160g
オリーブオイル …………………… 8g
塩 …………………………………… 1.6g
レモン汁 …………………………… 8g
白胡椒 ……………………………… 少々

作り方
1 フライパンにオリーブオイルを熱し、キャベツ、もやしを炒める。
2 塩、胡椒、レモン汁で味をととのえる。

◎ ガーリックオイル
材料(作りやすい分量)
にんにく(みじん切り) ………… 16g
オリーブオイル ………………… 100g

作り方
1 オリーブオイルの一部をフライパンで熱し、にんにくを加えて炒める。
2 香りが立ってきたら火を止めて、1の残りのオリーブオイルと合わせる。

◎ ガーリックチップス
材料(3人分)
バゲット …………………………… 100g
ガーリックオイル(左記参照) … 15g
塩 …………………………………… 少々

作り方
1 バゲットは、スライサーで6mm厚さにスライスする。
2 1はそれぞれにハケでガーリックオイルを塗る。
3 110℃のオーブンで60分焼く。

◎ ガーリックスティック
材料(3人分)
バゲット ……………………………70g
ガーリックオイル(左記参照) … 11g
オリーブオイル ………………… 適量
塩 …………………………………… 少々
パセリ(みじん切り) …………… 適量

作り方
1 バゲットは、太さ2cm 長さ15cm程度にカットする。
2 1はハケでオリーブオイルをぬり、刻んだパセリをちらす。
3 110°Cのオーブンで60分焼く。

a

b

c

『あこうぱん』

鈴木 誠

代表取締役

大勢で楽しみながら作り、楽しめる

兵庫県の西端。忠臣蔵で知られる赤穂の地の、赤穂城址からほど近い場所で人気を集める店が、その名も『あこうぱん』だ。現オーナーシェフの鈴木さんで3代目という、地元に根付いた老舗でもある。

本書でご紹介していただくパンは、どちらも和のテイストに寄った懐かしい風味や食感で、年配のかたにも楽しめるもの。「ご家庭でも、日々の生活の中で無理なく作れるレシピにしています」と鈴木シェフ。

パンの料理についても、家庭内で楽しみながら作り、食べられることを意識したのが、鈴木シェフならではの特徴だ。「お子様や祖父母のかた、親戚や友人のかたと一緒になって、大勢でワイワイ言いながら作ったり、取り分けて食べられたり、自分好みで作ってたべたりできるものをご紹介しました。大勢での食の機会が少なくなりましたが、そうしたパンの料理で夕食のひとときが、よりいっそう楽しく美味しい時間になると思います」と鈴木シェフ。

『あこうぱん』

[住所]兵庫県赤穂市加里屋中洲6-24
[電話]0791-42-3565
[URL]http://www.akopan.com/
[営業時間]6:00〜18:00(土曜日、日曜日、祝日は7:00から)
[定休日]月曜日、火曜日(月曜のみ祝日の場合は営業)

豆乳とお醤油のパン

水代わりに豆乳を、塩代わりに醤油を使った、香ばしくコクのあるパンです。
捏ねたら、冷蔵庫の野菜室ほどの温度で8時間発酵。取り出して冷たいまま
分割・成形し、最終発酵をして焼きますので、失敗が少なくて済みます。最終
発酵はお風呂場で湯舟に湯を張り、ふたをしない状態に置くといいと思います。

<u>材料(%)</u>
フランスパン用粉 ……………………………………… 100
インスタントイースト ………………………………… 0.6
黒糖 ………………………6(グラニュー糖の場合は3)
豆乳 ……………………………………………………50
醤油 ……… 15(塩分量で2になるように計算して使用)
クリームチーズ ……………………………………… 15
バターかショートニング………………………………5

<u>作り方</u>
1 材料をミキシングボールに入れ、低速3分、中速6分でミキシング。手捏ねでも良い。捏ね上げ温度30℃。
2 捏ね上げ後、すぐに5℃の冷蔵庫に入れて8時間置く。
3 取り出したら、復温なしに100gに分割し丸め、室温で30分休ませる。
4 休ませた3の生地は作業台に出し、軽くたたいて潰し、手前1/3と奥から1/3のところで中央に折りたたみ、さらに半分に折りたたんでとじ目を押さえ、コッペパン状に成形する(a)。
5 最終発酵。クープを入れ(b)、温度38℃・湿度75%で40分発酵させる(c)。
6 上火240℃・下火235℃のオーブンで10分焼成(d)。

「兵庫県産」もち麦パン

食物繊維が多く、ダイエット効果も期待できる「もち麦」は、全国各地で作られています。そのもち麦を生地の60%まで配合した、プチプチ感が楽しめるパンです。手に入らないときは、玄米かお米に代えてもいいと思います。こちらも捏ねたら冷蔵庫でじっくり発酵させ、冷たいまま分割・成形して焼き上げます。P76で使う「もち麦のトルティーヤ」もこの生地ですので、作り方をご紹介しておきましょう。

材料(%)

「日清 Wheat&Bake セイヴァリー」	100
もち麦(炊飯したもの※)	60
黒糖	4
赤穂の天塩	1.5
インスタントイースト	0.6
水	76

※もち麦

もち麦	6合
ニガリ	50㎖(無くても良い)
トレハロース	30g(無くても良い)
水	もち麦の倍量

作り方

1 もち麦を炊く。材料を全て炊飯器に入れて2時間吸水させ、玄米炊きする。炊けたらビニール袋に入れ、粗熱を取って冷蔵保存する(a)。

2 1と残りの材料をミキシングボールに入れ、低速で3分ミキシング後、中速で5分ミキシング。手捏ねでもできる。捏ね上げ温度30℃。

3 捏ね上げ後、5℃の冷蔵庫または冷蔵庫の野菜室で8時間置く。

4 3を取り出したら、復温なしで分割。コッペパン用100g、もち麦トルティーヤ50g。

5 丸めて、室温で30分休ませる。

6 成形。休ませた5の生地は作業台に出し、軽くたたいて潰し、手前1/3と奥から1/3のところで中央に折りたたみ(b)、さらに半分に折りたたんでとじ目を押さえ、コッペパン状にする。

7 最終発酵。真ん中に端から端までクープを入れ(c)、温度38℃・湿度75%で30分発酵。

8 焼成。7のコッペパンは、上火250℃・下火200℃のオーブンで15分焼成。

◎「もち麦のトルティーヤ」

6 成形。5の生地は麺棒で延ばしてトルティーヤ状にする(d)。

7 焼成。6はそのまま、上火240℃・下火200℃のオーブンで4分焼成後、取り出してバーナーで軽く炙る(e)。

もち麦パンを使った晩ゴパン。
包んで気取って（笑）

春巻きの皮を、ナイフとフォークでパリパリと崩しながら
食べ進めると、香ばしい九条ねぎと、旨みがしっかりあ
るトマトとオイルサーディン。パンには、トマトの果汁とオ
イルサーディンのオイル、そしてにんにくとバターの風
味がしっかりしみ込んでいますので、これまたご馳走です。

材料(2人分)

兵庫県産もち麦パン(69ページ参照) ……… 1個
トマト(粗く刻んだもの) …………………… 1個分
オイルサーディン ……………………………… 2尾
九条ねぎ ……………………………………… 30g
にんにく(スライス) ………………………… 2片分
「太白胡麻油」 ………………………………… 適量
「すぐに使える かける本バター」 ………… 10g
春巻きの皮 …………………………………… 2枚

作り方

1　オイルサーディンは、油をきって骨を取り、刻む。
2　九条ねぎは小口切りにして「太白胡麻油」で和える。
3　もち麦パンは横半分にカットする。
4　3のもち麦のパンの上に、トマトとにんにく、1のオイルサーディ
ンをたっぷり乗せ(a)、その上に2の九条ねぎをたっぷり乗せる
(b)。
5　4にたっぷり「すぐに使える かける本バター」をかけてから(c)、
春巻きの皮で包む(d)。
6　220℃のオーブンで6分焼いたら、器に盛り付ける。

豆乳とお醤油のパンを使ったお料理。
旨すぎて取り分けるのが難しいなぁ。

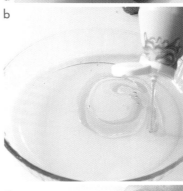

ソテーしたなす、ズッキーニと、香ばしい豆乳とお醤油のパン。その3つ
を耐熱皿に交互に並べたら、その上にソテーした牡蠣をたっぷりのせ、
トマトとチーズをちらしてオーブンで焼き上げます。牡蠣と野菜のエキス
がたっぷりパンにしみ込んで、口に入れると思わず唸るほどの美味しさです。

[材料(2～3人分)]
豆乳とお醤油のパン(67ページ参照。1/8カット) …… 2本分
なす …………………………………………………… 1個
ズッキーニ ………………………………………………… 1本
赤穂坂越産牡蠣 ……………………………………… 16粒
ミニトマト ………………………………………………… 5個
グリュイエールチーズ ………………………………… 80g
「すぐに使える かける本バター」 …………………… 40g
オリーブオイル ……………………………………… 30㎖
醤油 ……………………………………………………… 5㎖
塩・胡椒 …………………………………………… 各適量

[作り方]
1 なすは1㎝厚さの輪切りに、ズッキーニも1㎝厚さの輪切りにしておく。
2 鍋にオリーブオイルを熱し、1を入れて炒め、塩・胡椒をする。
3 野菜に火が入ったら、取り出しておく。
4 別鍋に「すぐに使える かける本バター」10g、醤油を入れて混ぜ、そこに牡蠣
を入れて火にかけ軽くソテーしたら、取り出しておく。
5 豆乳とお醤油のパンは、1.5㎜厚さの輪切りにする(a)。
6 「すぐに使える かける本バター」10gを耐熱容器にぬり(b)、5のパン、3の
野菜を交互に並べる(c)。
7 4の牡蠣を器の中央にたっぷりとのせたら、半割りにしたトマトをちらし、グリュ
イエールチーズをのせ(d)、240℃のオーブンで8分焼く。
8 オーブンから取り出し、仕上げに「すぐに使える かける本バター」20gを回し
かける(e)。
9 器に取り分けて食べる。

好きなものを合わせて巻くだけ。

どこか食べたことのないような味わいが体験できる
楽しさがあります。楽しくてワイワイできますので、
家でもアウトドアでも、いろんな場面で、みんなで思
い思いに作って、みんなで食べられるパン料理です。

材料(2〜3人分)
豆乳とお醤油のパン(67ページ参照) ……… 1本
エリンギ(縦に1/8カット) ………………… 1本分
オクラ(塩茹でにしたもの) ………………… 4本
パプリカ(縦半分にして1/10カット) …… 1個分
ヤングコーン(さっと茹でたもの) ………… 4本
豚バラ肉(スライス) ………………………… 8枚
オリーブオイル ……………………………… 20㎖
ケチャップ……………………………………… 60g
フレンチマスタード ………………………… 60g
バジルのソース(市販品) …………………… 60g

作り方
1 パンは、横半分に切ってそれぞれを縦に4等分しておく
(a)。
2 1のパンと野菜類を合わせ、豚バラ肉でぐるりと巻いて
留める(b)。
3 2はバットにのせ、240℃のオーブンで6分焼く(c)。
4 火が通ったら取り出し、金串に刺す(d)。
5 ケチャップ、フレンチマスタード、バジルのソースを入れ
た容器と共に並べる。

今夜は手巻きタコス

色んなお好みの具材を用意して、平たく焼いたもち麦のトルティーヤに乗せて口に運ぶ、メキシコの
タコス感覚のパン料理です。ここでは本場風にタコスミートなどを揃えましたが、お子様向けには、
とんかつや唐揚げ、フライドポテトを具材にして、ケチャップやマヨネーズも用意しておくといいと思います。

材料(2～3人分)

もち麦のトルティーヤ(69ページ参照)	6枚
タコスミート(市販品)	150g
ベビーリーフ	30g
紫キャベツ(せん切り)	1/8個
トマト(くし切り)	1個
マスカルポーネチーズ	100g
サルサロハ(市販品)	60g
玉ねぎ(スライス)	1/2個分
ハラペーニョ	2g
ライム(くし切り)	2個
サラダセルリー	30g
三つ葉	15g

作り方

1 材料はそれぞれ別の器に盛り付け、トルティー
ヤをのせた台に添える。
2 各自、好みのソースをトルティーヤにぬり、素
材をのせ、巻いて食べる。

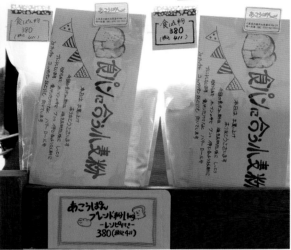

『志津屋』

小林健吾

執行役員　製パン部　部長

"酒呑み"が楽しめるパン料理

　京都市内を中心に21店を擁する『志津屋』は、京都人なら知らぬ人はいない存在。その『志津屋』で、パン製造の責任を担うのが小林シェフだ。

　「パンの職人は、朝早くからの仕事が多いためか、お酒を召し上がらない人が意外と多いものです。でも私はお酒が好きで、よく嗜んでいます。本書はパンとパンの料理ということでしたので、お酒に合うものを作れないか、好きなパンとどういうお酒が合うかという視点でご提案させていただきました」と小林シェフ。

　「酒呑みにとっては、パンと料理1品があれば、それで充分お酒が楽しめるはずです。そこから深化させて、料理にパンを添えるのではなく、料理とパンが一体化したメインとなるパン料理を考えました。パンは元々、歴史的にもワインとよく合うもの。そこで京都のエッセンスも入れながら、例えば日本酒やビールとも合うものを作ってみましたので、ぜひ試していただきたいと思います」（小林シェフ）

『株式会社 志津屋』　※京都駅店

[住所]京都府京都市下京区東塩小路高倉町8-3 JR京都駅八条口 アスティロード内
[電話]075-692-2452
[URL]https://www.sizuya.co.jp/
[営業時間]7:00〜21:00
[定休日]無休

オリーブのバトン

パンだけで、お酒のつまみになるものはできないかと考えて作ったのが、このパンです。生地には全粒粉を配合し、香ばしさと食べ応えを高めています。その生地にオリーブを生地の60%量も加え、オリーブを楽しむためのパンになっています。生地は棒状にしてねじり、手で持って食べやすく成形します。

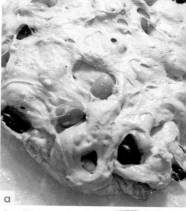

材料（%）

湯種

国産小麦全粒粉	10
水	30

Ⓐ

強力粉	50
国産強力粉	40
蜂蜜	3
「太白胡麻油」	5
ユーロモルト	0.5
ルヴァンリキッド	5
セミドライイースト	0.3
天然塩	2.2
水	70

足し水	10〜

生地1kgに対して

フライドオニオン	10g
ゴーダーチーズクラッシュ	120g
グリーンオリーブ	300g
ブラックオリーブ	300g

作り方

1　まず湯種を作る。フライパンまたは鍋に水と全粒粉を入れ、中火にかけて混ぜる。

2　カスタードクリーム程の粘りになったら、火を止め、粗熱が取れたらラップをして一晩冷蔵する。

3　ミキシング。ミキシングボールにⒶの材料と2の種を入れ、低速で3分、中速で10分ミキシングしたら、生地の様子を見ながら少しずつ足し水を加えながら中速でミキシングし、2分ほど回したら、フライドオニオンとチーズを加えてミキシングする。

4　材料が混ざったらオリーブを加え、手で混ぜる。

5　フロアタイム。生地を取り出し、室温におく。30分後にパンチを入れ、さらに室温で30分おいたら、もう一度パンチを入れる。

6　乾燥しないようラップをし、5℃の冷蔵庫で一晩発酵させる（a）。

7　分割。翌日、冷蔵庫から出し、室温におく。生地の中心温度が15℃以上になったら、1玉100gに分割し、軽く丸める（b）。

8　ベンチタイム。7の生地は室温で10分ほどおく。

9　成形。転がして棒状に成形して、ねじる（c）。

10　二次発酵。温度27℃・湿度75%で30〜40分おいて発酵させる。

11　焼成。上火・下火ともに230℃のオーブンに入れ（d）、多めにスチームを入れ、20〜25分焼成して取り出す。

贅沢フルーツブレッド

生地の80%量以上も、フルーツとナッツを入れています。その生地に、さらにドライイチジクを入れて棒状にしたクリームチーズを包み込んだ贅沢なパンです。生地には水が非常にたくさん入っていて、柔らかく扱いにくいのですが、焼き上がりは香ばしくもちもちして美味しいですので、ぜひ挑戦してみてください。

Ⓐ

強力粉 ……………………………… 50

中力粉 ……………………………… 40

国産小麦全粒粉 …………………… 10

蜂蜜 …………………………………… 3

オリーブオイル ……………………… 3

天然塩 ……………………………… 2.3

モーロモルト ……………………… 0.5

ルヴァンリモッド …………………… 10

セミドライイースト ……………… 0.2

水 …………………………………… 80

足し水 …………………………… 20〜

カリフォルアレーズン ……………… 20

ゴールデンレーズン ………………… 20

ワランベリー ………………………… 12

ブルーベリー ………………………… 5

ローストくるみ ……………………… 20

ローストピスタチオ ………………… 6

クリームチーズ…………生地300gに対し70g

ドライイチジク（縦長にカット）

　…………………… 生地300gに対し1個

作り方

1　ミキシング。Ⓐの材料をミキシングボールに入れ、低速で13分、中速10分回したら、生地の様子を見ながら、少しずつ足し水を加えつつ中速で3分ほどミキシングする。

2　ナッツとドライイチジク以外のフルーツを加えたら、低速で2分ミキシングし、終了。捏ね上げ温度は22〜23℃。

3　フロアタイム。2は生地を取り出して室温に置き、30分後にパンチを入れ、さらに室温で30分置いたら、もう一度パンチを入れる。

4　発酵。ラップをし、6℃の冷蔵庫で一晩（12〜18時間）発酵させる（a）。

5　分割。翌日、冷蔵庫から出し、生地を分割できる温度に戻す。室内に置いて生地の中心温度が12℃以上になったら、1玉300gに分割し、軽く丸める（b）。

6　ベンチタイム。表面が乾燥しないようラップなどをかけ室温で30〜40分おく。

7　クリームチーズはラップにのせて均一な厚みにのばし、カットしたドライイチジクを中央にのせたら、端から巻いて棒状にしておく（c）。

8　成形。生地の真ん中に7のクリームチーズをのせて包み込み、成形する（d）。

9　二次発酵。温度27℃・湿度75%で50〜60分発酵させる。

10　焼成。上火・下火ともに230℃のオーブンに入れ、スチームを多めに入れて、25〜30分焼成して取り出す。

オリーブのバトンとハモンセラーノ
白ワインと共に

ワインのおつまみとして作ったオリーブのバトンを、さらに料理として強化しました。バトンに入っているオリーブと相性の良い生ハムに、ソース代わりにもなるポーチドエッグとバター、それに黒胡椒です。どれも冷蔵庫にある素材ですが、組み合わせると白ワインが止まらなくなるほどの美味しさです。

材料(1〜2人分)
オリーブのバトン(81ページ参照) ············· 3本
ハモンセラーノ ·················· 3〜4枚(15〜20g)
ポーチドエッグ(下記参照) ··············· 1個
黒胡椒(粗挽き) ·······················少々
パセリ(みじん切り) ·······················少々
「すぐに使える かける本バター」 ············· 15g

作り方
1 皿の上にオリーブのバトンを並べ、ハモンセラーノを飾り、真ん中にポーチドエッグをのせる。
2 黒胡椒ををふり、パセリをかけ、全体に「すぐに使える かける本バター」をたっぷりとかける(a)。

◎ ポーチドエッグ
材料
卵 ···································· 1個
塩 ······························· 小さじ
酢 ······························· 大さじ2
水 ······························· 約700mℓ

作り方
1 鍋に湯を沸騰させ、酢と塩を入れ、箸で鍋の緑に沿ってグルグルと混ぜて渦を作る。
2 卵は別容器に割り入れておく。
3 1の鍋の渦の真ん中に、2の卵をそっと落とし、卵に触れないように鍋の緑に沿って混ぜて渦を安定させる。
4 回しすぎると白身が崩れるので、3周ぐらい混ぜたら弱火に落とし、2分程そっとしたまま茹でる。
5 4の玉子は崩さないように玉杓子などですく取り、キッチンペーパーの上にのせて水けをきる。

a

カモネ
クラフトビールや冷酒と共に

『志津屋』には、ハムと玉ねぎをフランスパンで挟んだ「カルネ」という名物商品があります。その名をもじって付けたのがこの料理。バルサミコ酢と蜂蜜で香ばしく火を通した鴨肉に、京都らしい九条ねぎを合わせてカイザーロールにのせました。パンには白味噌バターをぬっています。

材料(1人分)

カイザーロール	1個
白味噌本バター(下記参照)	23g
和辛子	2g
鴨ロースのギャラメリゼ(下記参照)	
	1cm厚さスライス4〜5枚
九条ねぎのソテー(下記参照)	1束分
ピンクペッパー	適量
ハニーマスタード	適量

作り方

1 カイザーロールは、真ん中から横半分にカットする。
2 1のカットした上下の断面に白味噌本バターと和辛子をぬり(a)、トースターで加熱して少し焦げ目をつける。
3 下面のパンに鴨ロースのキャラメリゼのスライスを並べ、その上に九条ねぎのソテーをのせる(b)。
4 器に盛り付け、ピンクペッパーをちらし、ハニーマスタードをかける(c)。

◎ 白味噌本バター

材料(1人分)

白味噌	15g
「すぐに使える かける本バター」	8g

作り方

1 白味噌はボールに入れ、「すぐに使える かける本バター」を加えてしっかりと混ぜ合わせる(d)。お好みで和辛子も加えてもよい。

◎ 九条ねぎのソテー

材料(1人分)

「鴨ロースのキャラメリゼ」でフライパンに残ったソース	全量
九条ねぎ(5〜6cm長さ)	1束分

作り方

1 鴨ロースのキャラメリゼで残ったソースは、フライパンに残しておく。
2 1を火にかけて温め、九条ねぎ加えて軽くソテーする。

◎ 鴨ロースのギャラメリゼ

材料(1人分)

鴨ロースブロック(市販)	1個
バルサミコ酢	150g
「すぐに使える かける本バター」	75g
蜂蜜	37g

作り方

1 フライパンにバルサミコ酢、蜂蜜、「すぐに使える かける本バター」を入れて弱火にかけ(e)、蜂蜜ほどの濃度になるまで煮詰める。
2 煮詰まった1のソースに鴨ロースを皮目から入れ、全体をキャラメリゼして取り出し(f)、1cm厚さほどにスライスしておく。

Panバーグ
赤ワインと共に

81ページで作る「オリーブのバトン」のパン生地のみをベースにして、
ハンバーグに見立てて作った料理です。だから「Panバーグ」。
ソースが中まで染みて、とろりと溶けたチーズとともに熱々を楽しむと、
たぶん、言われないと誰もパン生地だと分からないと思います。
赤ワインともぴったりの相性です。

材料(2〜3人分)

パンバーグ(下記参照) ……………… 6〜7個
ハンバークソース(市販) …………… 300g
トマトソース(市販) ………………… 200g
生パセリ(みじん切り) ……………… 適量
ナチュラルチーズ ……………………… 30g
生クリーム(乳脂肪36%) …………… 少々

作り方

1 鍋にハンバーグソースとトマトソースを入れ、火にかけて温める。
2 ぐつぐつしてきたらパンバーグを入れ、しばらく温めたらナチュラルチーズを削りかける。
3 パンバーグの中心まで温まり、チーズが溶けてきたら火から下す。生クリームを流し、パセリをちらす。

◎ パンバーグ

材料(24個分)

オリーブのバトン生地(81ページ参照。プレーン)
……………………………………………… 600g
フライトオニオン ……………………… 10g
ローストピスタチオ …………………… 30g
クミンパウダー ………………………… 5g
コリアンダーパウダー ………………… 6g
ナツメグパウダー ……………………… 6g
バターでソテーした玉ねぎ …………… 300g

作り方

1 生地を作る。81ページの「オリーブのバトン」の生地づくりで、足し水をしたら具材を入れずに取り出し、5℃の冷蔵粉で一晩発酵させた生地をベースに使う。
2 1の生地をボールに移し、残り全ての材料を加えて手で混ぜ、ラップをかけ、8℃の冷蔵庫に入れて1晩寝かせる。
3 翌日冷蔵庫から出し、生地が作業できる温度になるまで室温においておく。
4 生地の中心温度が15℃以上になったら、1個40gに分割する。天板の上に丸め、温度30℃・湿度75%のホイロで40分発酵させる。
5 上火220℃・下火220℃のオーブンで、約15分ほど焼成する(a)。
6 焼成後、取り出して少し冷ましたら、180℃の油で両面を90秒ずつ揚げて油をきる(b)。

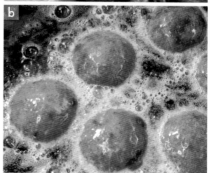

Vegan Pitapan
（ビーツ、フライドオニオンのピタパン）　※具材も全て植物性のもの

ランチのイメージのピタサンドを、夜ご飯にできるパン料理にしました。キャロットラペやキャベツのマリネに加え、
なすと大豆ミートの味噌炒めやひよこ豆のコロッケも盛り込んで、味覚的にもボリューム的にも満足感を高めました。
モリンガとはインド産の植物で、栄養価の高い素材として注目されています。

材料(2人分)

ピタパン	…………………………	赤白各1枚
なすと大豆ミートの万願寺唐辛子の麹味噌炒め（下記参照）		70g
キャロットラペ（下記参照）	………………	40g
紫キャベツのマリネ（下記参照）	…………	30g
ひよこ豆のコロッケ（ファラフェル）（下記参照）		1個20g
モリンガの豆腐マヨソース（下記参照）	………	20g

作り方

1 ピタパンは、赤白2種類があると仕上がりがきれい(a)。それぞれ半月状に半分にカットして袋状にする。

2 1の袋状の中に、なすと大豆ミートの万願寺唐辛子の麹味噌炒め、キャロットラペ、紫キャベツのマリネ、ひよこ豆のコロッケを彩り良く詰める。

3 仕上げに、モリンガの豆腐マヨソースをかける(b)。

◎ なすと大豆ミートの
万願寺唐辛子の麹味噌炒め

材料(2人分)

なす（ひと口大の乱切り）	……	1本100g
しめじ（石突を取ってほぐしたもの）		…50g
大豆ミート（生タイプ）	………………	50g
にんにく（みじん切り）	………………	15g
万願寺唐辛子麹味噌	………………	大さじ1
きび砂糖	…………………………	小さじ1
みりん	……………………………	大さじ1
長ねぎ	……………………………	お好みで
米油	………………………………	大さじ2
オリーブオイル	……………………	大さじ1

作り方

1 フライパンに米油、にんにくを入れ弱火にかけ、香りが立ったらしめじを入れて炒める。

2 しめじの香り出てきたら、なすを入れて炒める。

3 なすが油を吸った後、油が出てくるまで炒め火を止める。

4 別のフライパンにオリーブオイル、大豆ミートと万願寺とうがらし麹味噌、きび砂糖を加え、弱火で炒め和える。

5 3に4を入れて味を馴染ませたら、みりんをひとまわしして強火で炒め、仕上げにお好みでねぎを入れる。

◎ 紫キャベツのマリネ

材料(2人分)

紫キャベツ（せん切り）	………	1/10玉分
塩	………………………………	ひとつまみ
オリーブオイル	……………………	小さじ1
粒マスタード	………………………	小さじ1
ライム	……………………………	小さじ1

作り方

1 紫キャベツは5分ほど水にさらしたら、水けをきってボールに入れ、塩をして30分ほどおく。

2 1は水分が出たら絞り、残りの材料を加えて混ぜ合わせる。

◎ キャロットラペ

材料(2人分)

人参（粗めのせん切り）	…………	1本分
塩	………………………………	ひとつまみ
オリーブオイル	……………………	大さじ1
季節の柑橘類の絞り汁	…………	大さじ1
パセリ（みじん切り）	…………………	適量

作り方

1 人参はボールに入れ、塩をひとつまみしておいておく。

2 30分ほどおいて水分が出たら絞り、オリーブオイル、季節の柑橘類の絞り汁を加えて混ぜ、仕上げにパセリをお好みでふって和える。

◎ ひよこ豆のコロッケ
（ファラフェル）

材料(2人分)

ガルバンゾ（乾燥ひよこ豆）	………	170g
玉ねぎ（みじん切り）	……………	1/2個分
塩	………………………………	小さじ1/4
片栗粉	……………………………	大さじ1
クミン	……………………………	少々
黒胡椒	……………………………	少々
揚げ油	……………………………	適量

作り方

1 ガルバンゾは鍋に入れ、さっと洗ったら、ひたひたに水を張って4時間程水に浸けておく。

2 1は火にかけ、柔らかくなるまで約1時間ほど茹でる。

3 豆に火が通ったら、水けをきり、フードプロセッサーで滑らかなるまで回す。

4 ボールに、3のガルバンゾ、玉ねぎ、クミン、黒胡椒、塩、片栗粉を入れて混ぜ合わせたら、直径2.5cmくらいの団子状に丸める。

5 4は180℃の油で揚げ油に入れ、きつね色になるまで揚げる。

◎ モリンガの豆腐マヨソース

材料(2人分)

絹豆腐	……………………………	1丁
味噌	………………………………	小さじ1
モリンガの葉	………………	お茶碗1杯分
オリーブオイル	……………………	小さじ1
かぼすの絞り汁	……………	お好みで5〜6滴

作り方

1 すべての材料をミキサーに入れて回す。

『BRACERIA PASTICCERIA BOND』

原田信太郎

オーナーシェフ・ソムリエ

原田詠子

パティシエ

イタリアンとパンで違う顔の料理に

　神戸市三宮に、2018年に開業したイタリア料理店。ホテルでイタリアのグリル料理を勉強したオーナーシェフの原田信太郎さんと、奥様でパティシエの詠子さんのお2人が営むアットホームな店。安心・安全素材の持ち味を活かした料理と、イタリア伝統菓子に個性をプラスしたデザートが人気だ。

　「イタリア料理をパンと組み合わせるだけで、お洒落でこれまでとは違う顔になる点が面白いですね。合わせるパンで、料理の味わいが大きく変えられる点も楽しいと思います。しっかりとした食事以外に、例えば休日の14時頃からワインと共にゆっくり楽しむ食事のときにも作ってほしい」と信太郎シェフ。

　「デザートは、パンで作るものはフレンチトーストがよく知られていますが、それでは面白くないと思い、色々アレンジしました。フレンチトーストに飽き足らないかたに、楽しんでいただきたいですね」と詠子パティシエ。

『BRACERIA PASTICCERIA BOND』

[住所]兵庫県神戸市中央区山本通3-3-5
[電話]078-252-0052
[URL]https://bond-dal2018.square.site/
[営業時間]12:00〜14:30、18:00〜21:00
[定休日]水曜日、木曜日

アボカド、水なすのサラダ
クリームチーズの味噌漬け
オリーブバゲットのスモーブロー

夏が旬の水なすに、辛みをきかせたアボカドのソースを合わせ、クリームチーズとともにオリーブ入りバゲットにのせました。暑い季節にも爽やかに楽しめる一品です。クリームチーズは味噌漬けにすることで、適度な塩けと香ばしい香りが加わり、食欲をいっそう高めてくれます。

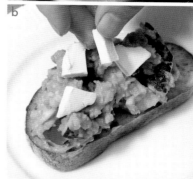

材料(4人分)

オリーブバゲット(1.5cm厚さスライス)	4枚
水なす	1個
アボカドソース(下記参照)	200g
クリームチーズの味噌漬け(下記参照)	適量
サラダセロリ	適量
ピンクペッパー	適量

作り方

1 水なすは8分の1ほどの大きさにカットしたら、流水でアクを軽く流す。
2 1のなすは水けを拭き取り、アボカドソースを合わせる(a)。
3 トースターで温めたバゲットを皿に盛り、2をのせ、カットしたクリームチーズをちらす(b)。サラダセロリ、ピンクペッパーを飾る。

◎ アボカドソース

材料(4人分)

アボカド	1個
レモン汁	20ml
ハラペーニョ(みじん切り)	10g
塩	2.5g
白胡椒	適量
玉ねぎ(みじん切り)	30g

作り方

1 アボカドは皮と種を取り除き、ボールに入れてマッシャーで潰す(c)。
2 残りの材料を1のボールに入れて混ぜ合わせる(d)。

◎ クリームチーズの味噌漬け

材料(作りやすい分量)

クリームチーズ	1個
麹味噌	適量

作り方

1 クリームチーズを調理用シートに巻き、麹味噌をぬり(e)、ラップをして冷蔵庫で3日程熟成させる。10日くらいは持つ。

砂ずりコンフィ
クミン　カレー風味
どっさりパクチーと柚子七味
カンパーニュブレッドのスモーブロー

手軽な価格の鶏の砂ずり(砂肝)を使ったパン料理です。カレー風味に下味をつけ、低温の油でじっくりと煮ます。こうすると、砂ずりの硬くて白い銀皮の部分が柔らかくなりますので、削る手間が不要になります。たっぷりのパクチーとともに、ちょっとオリエンタルな雰囲気で楽しんでください。

材料(1人分)

カンパーニュブレッド(1.5cm厚さスライス。食パンでも可)
…………………………………………………………… 1枚
砂ずりコンフィ(下記参照)……………………………… 10個
パクチー ……………………………………………………… 適量
柚子七味 …………………………………………………… 適量
コンフィオイル………………………………………… 10㎖
ラディッシュ(スライス)………………………………… 5枚

作り方
1　カンパーニュブレッドは、トースターで温める。
2　1を皿に盛り付け、砂ずりコンフィをのせる(a)。コンフィのオイルを回しかけたら(b)、刻んだパクチーをのせ、柚子七味をふる。ラディッシュをちらす。

◎ 砂ずりコンフィ

材料(作りやすい分量)

砂ずり ……………………………………………………… 300g
にんにく(スライス)……………………………………… 1片分
ホールクミン ………………………………………… 0.5g
カレーパウダー ……………………………………… 0.5g
塩 …………………………………………………………… 3.5g
ピュアオリーブオイル…………………………………… 200㎖

作り方
1　砂ずりは、にんにく、クミン、カレーパウダー、塩をふり(c)、手でよく揉み込み(d)、1日マリネする。
2　鍋にピュアオリーブオイル、1を入れ、86℃のオーブンで5時間火入れする(90℃なら4時間)(e)。

牧草牛のタリアータ
カンパーニュブレッドのスモーブロー

タリアータはイタリア語で「(薄く)切った」という意味で、牛肉で作るトスカーナ地方の名物料理です。現地では牛塊肉を焼いて薄切りにし、煮詰めたバルサミコ酢をかけて食べます。それをトーストしたカンパーニュにのせて、アレンジしたのがこの料理。赤ワインにぴったりのメイン料理です。

材料(1人分)

カンパーニュブレッド(1.5cm厚さスライス。
バゲットでも可) ……………………… 1枚
牧草牛サーロイン ………………………80g
にんにく(スライス) …………………1片分
ローズマリー ……………………………1本
オリーブオイル …………………………5㎖
パルミジャーノ・レジャーノ(すりおろし)
………………………………………… 6g
セルバチコ ……………………………… 3g
自家製セミドライトマト(右記参照) …4個
黒胡椒 ……………………………… 適量
バルサミコソース(市販品) …………2㎖
「太白胡麻油」 ……………………… 適量
「太香胡麻油」 ……………………… 3㎖
「すぐに使える かける本バター」 ……3㎖

作り方

1 牧草牛サーロインは、にんにく、ローズマリー、オリーブオイルを回しかけ(a)、乾燥しないようラップなどをして、冷蔵庫で5時間程マリネする。
2 1の肉は室温に戻し、塩、胡椒をし、「太白胡麻油」を熱したフライパンで焼き上げ(b)(c)、取り出してカットする。
3 カンパーニュブレッドはトースターで温めて皿に盛り、カットした2をのせる。
4 3のまわりにセミドライトマトを飾り、肉の上にセルバチコをのせ(d)、パルミジャーノを削りかけ、黒胡椒をふる。
5 「すぐに使える かける本バター」をかけ(e)、「太香胡麻油」をふり、バルサミコソースをまわりに流す(f)。

◎ 自家製セミドライトマト

材料(4人分)

プチトマト ………………………… 8個
塩 ………………………………… 0.5g
グラニュー糖 ……………………… 0.5g
オリーブオイル …………………… 1㎖

作り方

1 プチトマトはヘタを取り、ハーフカットし、断面に塩、グラニュー糖、オリーブオイルを回しかけ、90℃のオーブンで2時間程乾燥させる。

BRACERIA PASTICCERIA BOND_04

パンシュゼット

パンでデザートというとフレンチトーストが思い浮かびますが、そこをひとひねりした、クレープシュゼット風のデザートです。柔らかなカスタードブレッド（ブリオッシュ生地）をオレンジ風味の生地に浸して焼くことで、クレープの食感に近づけました。ホワイトチョコやサワークリームとの相性も抜群です。

材料(1人分)
オレンジアパレイユに浸したカスタードブレッド
（右記参照）················· 1枚
「すぐに使える かける本バター」············· 10g
オレンジカルダモンクリーム（右記参照）··· 30g
アニスとホワイトチョコのソース（右記参照）
············· 10g
オレンジサワークリーム（右記参照）······ 40g
好みのフルーツ············· 適量
ライムの皮（すりおろし）············· 適量

作り方
1 フライパンに「すぐに使える かける本バター」を熱し（a）、オレンジアパレイユに浸したカスタードブレッドを中火でキツネ色にソテーする（b）。
2 バットに並べ、冷蔵庫で冷やしておく。
3 器にオレンジカルダモンクリームを敷く。
4 3に冷えた2を盛り付け（c）、上にスプーンでクネル形にしたオレンジサワークリームをのせる（d）。
5 好みのフルーツを飾り、まわりにアニスとホワイトチョコレートソースで線を描く（e）。ライムの皮をちらす。

◎ オレンジアパレイユに浸した
　　カスタードブレッド

材料(4人分)
- ● オレンジアパレイユ
  有機オレンジジュース…300g
  「すぐに使える かける本バター」……50g
  生蜂蜜…………………………20g
- ● パン
  カスタードブレッド ……………… 1/2本

作り方

1　オレンジジュースに「すぐに使える かける本バター」を入れ、バーミックスで乳化させたら(f)、生蜂蜜を加えて混ぜる。
2　カスタードブレッドは4枚にスライスし、1にしっかりと浸しておく(g)。

◎ オレンジカルダモンクリーム

材料(4人分)
有機オレンジジュース …………………60g
カルダモン ……………………… 2粒
オレンジの皮 …………………… 1/8個分
本和香糖 ……………………………20g
全卵 …………………………………50g
バター ………………………………25g

作り方

1　オレンジジュース、カルダモンとオレンジの皮を鍋に入れて火にかけ、温める。
2　ボールに本和香糖と全卵を入れて混ぜる。
3　2のボールに1を注いで混ぜたら、鍋に戻し、弱火でとろみが付くまで加熱する。
4　3にとろみが付いたら、バターを加えて合わせ、濾す。
5　氷水にあてて冷やし、とろみを付けたら、冷蔵庫で保存しておく。

◎ アニスとホワイトチョコのソース

材料(4人分)
低温殺菌牛乳 …………………………35g
スターアニス ……………………… 1個
ホワイトチョコレート(カカオ分35%) …20g

作り方

1　低温殺菌牛乳を鍋に入れ、スターアニスを加えて火にかけ、温める。90℃になったら火を止めてふたをし、10分蒸らす。
2　ホワイトチョコをボールに入れ、1を加えて溶かしたら、氷水にあてて冷やし、とろみを付けたら、冷蔵庫で保存しておく。

◎ オレンジサワークリーム

材料(4人分)
サワークリーム ……………………………50g
プレーンヨーグルト ………………………50g
グラニュー糖 ………………………………25g
生クリーム(乳脂肪分47%) ………………60g
オレンジの皮 ……………………………1/2個分

作り方

1　すべての材料を合わせて泡立てる。

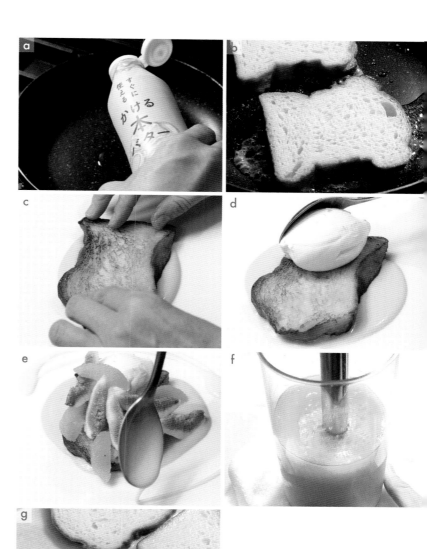

『リュミエール』

唐渡　泰

リュミエールグループ　オーナーシェフ

レストラン、カフェの1品としての工夫を盛り込んだ

唐渡シェフは、日本、フランスの名店で修業後、神戸のホテルで料理長を経て2006年にフレンチレストラン"リュミエール"を独立開業。現在率いるお店はレストラン、ティーサロン、ブーランジェリーカフェ等々10店舗。

唐渡シェフ自身"野菜の美食"をテーマに、ワイン、バター、クリーム、小麦粉をほぼ使わない、独自のフランス料理のスタイルを確立している。

唐渡シェフは、「本書のパン料理は、具材をパンで挟んだサンドイッチの、片側のパンを外して皿に盛り付けるという単純な物ではなく、レストランやカフェで提供できる完成された一品であると考えました。」という。その上で、「従来フランス料理では、テーブルに絶えずパンがあり、料理＋パンが基本です。ただ融合させて一品としての完成度を上げるとなると、ソースがパンにしみ込み過ぎないようにするなどの、一体化に細やかな工夫が必要になります。そこに私が追求している"野菜の美食"テクニック、エッセンスをご紹介いたしました。」(唐渡シェフ)

『リュミエール本店』

[住所]大阪府大阪市中央区東心斎橋1-19-15
UNAGIDANI-BLOCK3階
[電話]06-6251-4006
[URL]https://k-coeur.com/
[営業時間]12:00〜15:00(ラストオーダー13:00)、
18:00〜21:00(ラストオーダー19:00)
[定休日]月曜日、火曜日(祝日の場合は営業)

材料(1人分)		作り方

材料(1人分)

パン・ド・カンパーニュ(2cm厚さスライス) ………… 1枚
「すぐに使える かける本バター」 ………………… 適量
平貝と帆立貝のタルタル仕立て(右記参照) …… 60g
根セロリのピュレ(右記参照) ………………… 30g
帆立貝柱のフレーク(右記参照) ……………… 30g
人参とクミンのピュレ(右記参照) …………… 10g
トマトのピュレ(右記参照) …………………… 10g
エディブルフラワー ………………………………… 適量
シブレット ……………………………………………… 適量

作り方

1 カンパーニュは、トースターで表面をこんがりと焼く。
2 表面に「すぐに使える かける本バター」をハケで薄くぬり(a)、根セロリのピュレ、平貝と帆立貝のタルタル仕立て、帆立貝柱のフレークの順にのせる(b)。
3 帆立貝のフレークの上から、トマトのピュレ、人参とクミンのピュレを数か所絞り(c)、花やシブレットを挿すように飾る。

リュミエール _01

ミュゼカラト "大地に咲く花"

香ばしくトーストしたカンパーニュの上に、二枚貝の濃厚ながら上品な旨味を活かしたタルタルを組み合わせた、白ワインとよく合う一品です。緑色は乾燥させたホタテ貝柱と小松菜を合わせたもの。草原に様々な花が咲き誇る様子に見立てて、野菜類のピュレ、エディブルフラワーを彩り良く飾っています。

◎ 平貝と帆立貝のタルタル仕立て

材料(作りやすい量)

ホタテ貝(殻付き)	15個入りサイズ4個
平貝(殻付き)	1個
貝類のヒモ	4個分
グレープシードオイル	適量
オリーブオイル	適量
塩	適量
オニオンドレッシング(112ページ参照)	40ml
シャルドネビネガー	10ml
エストラゴン(みじん切り)	2本

作り方

1 ホタテ貝は、殻を開け、ヒモを外して他の部位を掃除し、貝柱を取り外す。
2 1の貝柱は、グレープシードオイルと一緒に真空袋に入れて真空機にかけたら、40℃の蒸気で15分加熱する。
3 平貝は殻を開け、ヒモごと他の部位を外して掃除をし、貝柱を取り出す。
4 3の貝柱は、85℃のお湯で火を通し、取り出して氷水で急冷する。
5 2と4の貝柱は、それぞれ7mm角にはにカットする(d)。
6 1と3で外した貝類のヒモをよく洗い、オリーブオイルを熱したフライパンでソテーする。途中でオニオンドレッシングの半量を加え、フライパンに焦げ付いたうま味を溶かしてヒモにしみ込ませる(e)。
7 6はハンドミキサーで細かくなるまで粉砕する。
8 氷水にあてたボールで5と7を合わせ、塩と6の残りのオニオンドレッシング、シャルドネビネガー、エストラゴンで調味する(f)。

◎ 根セロリのピュレ

材料(作りやすい量)

根セロリ	100g
玉ねぎ(スライス)	20g
じゃが芋(皮をむいてスライス)	10g
オリーブオイル	10ml
レモン汁	10ml
塩	適量

作り方

1 根セロリは皮をむき、1cm幅にスライスしたら、オリーブオイルと一緒に真空袋に入れて真空機にかけ、100℃で15分蒸す。
2 玉ねぎは、フライパンに入れて弱火にかけ、焦がさないよう火を通す。
3 2の玉ねぎがしんなりしたら1を加え、軽く煮込む。
4 3にじゃが芋を加え、火が入ったらミキサーで回し、氷水にあてて急冷する。
5 仕上げにオリーブオイル適量(分量外)とレモン汁、塩で味を調整する。

◎ 帆立貝柱のフレーク

材料(作りやすい量)

乾燥帆立貝柱	80g
小松菜の葉	5枚

作り方

1 材料をミルミキサーに入れ、細かく攪拌する。

◎ 人参とクミンのピュレ

材料(作りやすい量)

人参	1本
グレープシードオイル	適量
塩・クミン	各適量

作り方

1 人参は皮をむき、縦に4カットし、100℃で20分蒸し、ミキサーでピュレ状にしてボールに移し、氷水にあてて急冷する。
2 塩、クミン、グレープシードオイルを加え乳化するまで混ぜる。

◎ トマトのピュレ

材料(作りやすい量)

トマト	2個
玉ねぎ(スライス)	20g
オリーブオイル	適量
塩	適量
グレープシードオイル	適量

作り方

1 フライパンに玉ねぎとオリーブオイルを入れて火にかけ、キャラメリゼになるまで炒める。
2 トマトを入れ、水分を飛ばすように煮詰め、その後ミキサーで攪拌し、ボールに移して氷水にあてて急冷する。
3 2は、塩、グレープシードオイルを加え、乳化するまで混ぜる。

ビストロカラト "牛肉と茸のグラタン仕立て"

トーストしたパンに、焼いた牛フィレ肉をのせ、その上にコク深いソースをかけて仕上げた、まさにメイン料理の一品です。ソースは茸類と生クリームで濃厚な味わいにしたものと、卵黄を泡立てて作るソースサバイヨンを合わせたもの。パンは花びら型のオリジナルを使いましたが、バゲットで代用できます。

材料(5人分)

バゲット・トラディショナル"レスペクチュス・パニス" ……… 300g(バゲットで代用可)
牛フィレ肉 …………………… 100g×2枚
エリンギ、丹波しめじ、マッシュルーム、
ヒラタケ ………………… 各2〜3個ずつ
「太白胡麻油」 ………………… 適量
塩 ……………………………… 適量
ソース(下記参照) …………… 300g
ラタトゥイユ(下記参照) …… 70g

作り方

1 まず牛フィレ肉のステーキを作る。フィレ肉に塩をし、「太白胡麻油」を熱したフライパンでソテーし(a)、160℃のオーブンで5分ほど加熱し、ロゼ色に仕上げ、1枚を4切れほどにスライスしておく。
2 茸のソテーを作る。茸類はそれぞれ大きめにカットし、「太白胡麻油」を熱したフライパンで焼き色を付け(b)、塩で味を調えておく。
3 パンは下2/3のところから横にカットする(通常のバゲットの場合は斜め5カット)(c)。オーブンでこんがり焼いて、断面に太白ごま油をぬる。上1/3は残しておく。
4 3のパンに、ラタトゥイユ、2の茸のソテー、1の牛フィレ肉のステーキの順で盛り付け、最後にソースをかけ、表面をガスバーナーで炙る(d)。3で残しておいたパンの上半分は、別皿で添える(通常のバゲットの場合は、花びら型に皿に盛り、その上に具材をのせ、ソースをかけ、バーナーで炙る)。

◎ソース

材料(5人分)

●シャンピニオン・ア・ラ・クレーム
　マッシュルーム(スライス) ……………8個
　「タカナシ 特選北海道純生クリーム47」
　………………………………………150g
　エシャロット(みじん切り) …………10g
　「すぐに使える かける本バター」 …10ml
　塩・胡椒 ……………………… 各適量
●ソースサバイヨン
　卵黄 ……………………………3個分
　水……………………………… 30ml
　「すぐに使える かける本バター」 ……… 40ml

作り方

1 まずシャンピニオン・ア・ラ・クレームを作る。鍋で「すぐに使える かける本バター」とエシャロットを炒めてマッシュルームを加え、水分を飛ばすようにソテーする。
2 1に「タカナシ 特選北海道純生クリーム47」を3回ほどに分けて加え(e)、サッと煮詰め塩胡椒で味を調える。
3 ソースサバイヨンを作る。ボールに卵黄と水を入れ、湯せんにかけながら火を入れて行く。
4 卵黄に火が入り、濃度がついてきたら、「すぐに使える かける本バター」を糸を垂らすように入れながら混ぜ(f)、塩で味を調える。
5 2のシャンピニオン・ア・ラ・クレームと4のソースサバイヨンを、6対4で合わせる。

◎ラタトゥイユ

材料(作りやすい量)

玉ねぎ……………………………5個
赤パプリカ………………………5個
ズッキーニ ……………………5本
なす ……………………………5本
サラダ油 ………………………適量
トマトピュレ …………………1kg
塩 ………………………………適量

作り方

1 野菜はすべて2cm角に切り、180℃のサラダ油で素揚げする。
2 油をよくきって鍋に移し、トマトピュレを入れて煮込む。塩で味を調える。

リュミエール "野菜の遊園地"

パンに豚肉のピュレをぬり、様々に調理した野菜類を彩り良く盛りました。豚肉のピュレは、まるでリエットのような味わい。
このため野菜がたくさんでも、味覚的な満足感が高くなっています。

材料(1人分)

野菜の美食パン パン・カラト········ 2cm厚さカット1枚
豚バラ煮込みのピュレ(右記参照) ·············· 60g
ラタトゥイユ(右記参照) ·············· 15g
野菜のピュレ5種類(右記参照) ·············· 各20mℓ
野菜の乳化ソース(右記参照) ·············· 20mℓ
野菜の素揚げ(右記参照) ·············· 全量
野菜のコンフィ(右記参照) ·············· 全量
蒸し野菜(右記参照) ·············· 全量
ソテー野菜(右記参照) ·············· 全量
ロースト野菜(右記参照) ·············· 全量
生野菜(右記参照) ·············· 全量
クリスティヤン(右記参照) ·············· 全量
パウダー野菜(右記参照) ·············· 適量

作り方

1 パンはオーブンでこんがり焼いたら、豚バラ肉ピュレをぬり、皿に盛る(a)。
2 1のパンの上に様々に調理した野菜とラタトゥイユを彩りよく乗せ(b)、ソースを流し、クリスティヤン、野菜のパウダーを彩りよく飾る。

◎豚バラ煮込みのピュレ

材料(作りやすい量)

豚バラ肉ブロック …………………… 500g
玉ねぎ(スライス) ……………………… 1個
グラニュー糖 …………………………… 50g
白ワイン酢 ………………………………… 50mℓ
ブイヨン …………………………………… 1kg
トマトピュレ …………………………… 200g
香草 ……………………………………… 適量

作り方

1 豚バラ肉は、油(分量外)を熱したフライパンでこんがり焼き上げる。
2 鍋にグラニュー糖と白ワイン酢を入れて火にかけ、キャラメル化前に玉ねぎを入れ 軽く炒めたら、1の豚肉、ブイヨン、トマトピュレを入れ、柔らかくなるまで煮込む。
3 煮込んだ豚バラ肉はハンドブレンダーを使い、鍋の煮汁を少しずつ足しながら撹拌させ、塩で味を調える。

◎ラタトゥイユ

材料(作りやすい量)

玉ねぎ …………………………………… 5個
赤パプリカ ……………………………… 5個
ズッキーニ ……………………………… 5本
なす ……………………………………… 5本
トマトピュレ …………………………… 1kg
サラダ油、塩 ………………………… 各適量

作り方

1 野菜類はすべて2cm角に切り、180℃のサラダ油で素揚げする。
2 油をよくきって鍋に入れ、トマトピュレを加えて煮込んでいく。塩で味を整える。

◎野菜のピュレ5種類

材料(作りやすい量)

赤パプリカソース ………… 赤パプリカ3個
黄パプリカソース ………… 黄パプリカ3個
小松菜ソース ………………… 小松菜3束
人参ソース(人参3本、生姜の絞り汁とオレンジジュースを合わせて煮詰めたもの) ……………………………………… 適量
ビーツソース …………………………… 2個
各ソースにグレープシードオイル、塩
……………………………………… 各適量

作り方

1 赤・黄のパプリカソースを作る。赤、黄のパプリカはそれぞれ150℃のオーブンでローストし、皮をむいてミキサーで回して濾したら、それぞれをグレープシードオイルと塩で味を調える。
2 小松菜ソースを作る。小松菜は重曹(分量外)を加えた湯でしっかりと茹で、水水に落として色止めしたら、ミキサーで回して濾す。
3 人参ソースを作る。人参は縦1/4に

カットし、100℃の蒸気で蒸し上げ、ミキサーで回して濾す。グレープシードオイルと塩で味を調えたら、生姜の絞り汁とオレンジジュースを合わせて煮詰めたものを加える。
4 ビーツソースを作る。ビーツは150℃のオーブンで2時間ローストし、ミキサーで回して濾す。

◎野菜の乳化ソース

材料

キャベツ、人参、玉ねぎ、セロリ等、半端な部分や切れ端など ………… 適量
シェリーヴィネガー、グレープシードオイル、塩 ……………………………… 各適量

作り方

1 半端な野菜や野菜の切れ端は、水とともに鍋に入れ、6時間ほど火にかける。
2 1を濾して鍋に入れ、1/10量に煮詰める。
3 シェリーヴィネガー、グレープシードオイルを加えて乳化させ、塩で味を調える。

◎野菜の素揚げ

材料(1人分)

インカの目覚め ………………………1切れ
ヤングコーン …………………………1切れ
しし唐 …………………………………1切れ
塩 ………………………………………… 適量

作り方

1 それぞれの野菜は、150℃位の油で素揚げする。
2 油をきって塩で味を調える。

◎野菜のコンフィ

材料(1人分)

デストロイヤー …………………………1切れ
ごぼう ……………………………………1切れ
オリーブオイル、塩 ………………… 各適量

作り方

1 各野菜は、90℃くらいに熱したオリーブオイルで、ゆっくり火を入れる。
2 1は焼き色を付けたら、塩で味を調える。

◎蒸し野菜

材料(1人分)

ブロッコリー ……………………………1切れ
スナップエンドウ ………………………1切れ
塩 ………………………………………… 適量

作り方

1 各野菜は、100℃の蒸し器でサッと蒸す。
2 塩で味を調える。

◎ソテー野菜

材料(1人分)

柿ノ木茸、黄色ズッキーニ …… 各1切れ
オリーブオイル …………………… 適量

作り方

1 それぞれの野菜は、オリーブオイルを熱したフライパンで、生からゆっくり焼いていく。
2 焼けたら取り出し、塩で味を調える。

◎ロースト野菜

材料(1人分)

かぼちゃ、カリフラワー、れんこん
……………………………………… 各1切れ
シェリーヴィネガー、グレープシードオイル、塩 ……………………………… 各適量

作り方

1 それぞれの素材は丸ごとアルミホイルで包み、160℃のオーブンでローストする。
2 かぼちゃとカリフラワーはさらに焼き色を付ける。1のれんこんと共に塩で調味する。

◎生野菜

材料(1人分)

青芯大根、赤大根、紫大根 …… 各1枚
マイクロアマランサス、マイクロオゼイユ、マイクロ大葉 ………………… 各1枚

作り方

1 大根類は、ひと口サイズにスライサーでカットしたもの。他の野菜は1枚ずつに切り離したもの。

◎クリスティヤン

材料(1人分)

キャベツ、紫キャベツ ………… 各1枚
さつま芋……………………………… 1枚
トレハロース(なければグラニュー糖)
……………………………………… 適量

作り方

1 さつま芋は160℃位の油でカリッとなるまで揚げる。
2 キャベツ2種は100℃の蒸し器で1分蒸し、クッキングシートに並べ、トレハロースを振り80℃のオーブンで乾燥させる。

◎パウダー野菜

材料

ほうれん草 …………………………… 適量
赤パプリカ …………………………… 適量

作り方

1 各野菜はピュレ状にする。作り方は、「野菜のピュレ5種類」の1と2を参照。
2 野菜乾燥機で乾かし、ミルミキサーでパウダー状にする。

ダマンリュミエール"真っ赤なトマトのデザート"

ブリオッシュを土台にして、真っ白なチーズのクリームに、赤いトマトのコンポート、それに緑の
バジルシロップを組み合わせた、美しいデザートです。ブリオッシュをはじめどのパーツにも
ほのかな甘みがあることから、食べた時にそれらが一体となって上品なデザートと感じさせます。

[材料(1人分)]

ブリオッシュ・トマト パン・カラト ……2cm厚さスライス1枚	
クレメ・ダンジュ(右記参照) ………………………… 100g	
モッツァレラチーズ ………………………………………… 30g	
トマトコンポート(右記参照) …………………………… 6個	
バジルジュレ(右記参照) ……………………………… 20㎖	
バジルシロップ(右記参照) …………………………… 10㎖	
トマトピュレ(右記参照) ………………………………… 15g	
トマトセック(右記参照) ………………………………… 1枚	
バジルの葉 …………………………………………………… 数枚	
セルフィーユ ………………………………………………… 2枚	

[作り方]

1 モッツァレラチーズはひと口大にカットしておく(a)。
2 ブリオッシュを2cm厚にスライスし、クレメ・ダンジュ
を絞り(b)、トマトコンポート、1のモッツァレラチーズ
(c)、バジルジュレの順に盛り付け、仕上げのトマト
ピュレとバジルシロップを流す。
3 トマトセックを差し、バジルの葉、セルフィーユを
飾る。

◎ クレメ・ダンジュ

材料(作りやすい量)
フロマージュブラン ……………………………………… 500g
生クリーム(乳脂肪分 47%) …………………………… 400g
グラニュー糖 ……………………………………………… 150g

作り方
1 生クリームとグラニュー糖を合わせ、9分立てにしておく。
2 1とフロマージュブランを合わせて(d)、絞り袋に入れておく。

◎ トマトコンポート

材料(1人分)
プチトマト ………………………………………………… 6個
シロップ(グラニュー糖50g、水50gを溶かしたもの) … 100㎖

作り方
1 沸騰した湯で、プチトマトを湯むきする。
2 1はシロップに入れ、1時間漬けておく。

◎ バジルジュレ (1名分20cc)

材料(作りやすい量)
水 ………………………………………………………… 125㎖
レモン汁 …………………………………………………… 8㎖
白ワイン …………………………………………………… 5㎖
グラニュー糖 ……………………………………………… 18g
パールアガー ………………………… 10g(ない場合は板ゼラチン2g)
バジル ……………………………………………………… 3枚

作り方
1 水、レモン汁、白ワインを鍋に入れて沸かし、火から下してバジルを加え、蓋をして香りを移す。
2 グラニュー糖とパールアガーを合わせておく。
3 5分ほどしたらバジルを取り出し、2(もしくはグラニュー糖と水で戻した板ゼラチン)を入れ、溶けたらボールに移し、冷やしながらゼリー状にする。

◎ バジルシロップ

材料(作りやすい量)
バジル ……………………………………………………… 100g
シロップ(同量のグラニュー糖と水を溶かしたもの) …… 20㎖

作り方
1 バジルはサッと下茹でし、氷水で冷やし、シロップと一緒にブレンダーで撹拌する。

◎ トマトピュレ

材料(作りやすい量)
トマト……………………………………………………… 2個
玉ねぎ(スライス) ………………………………………… 20g
オリーブオイル …………………………………………… 適量
塩・グレープシードオイル………………………………… 各適量

作り方
1 オリーブオイルを熱したフライパンで、玉ねぎをキャラメリゼになるまで炒める。
2 トマトを加え、水分を飛ばすように煮詰め、その後ミキサーで撹拌し、ボールに移して氷水にあてて急冷する。
3 塩、グレープシードオイルを加え、乳化するまで混ぜる。

◎ トマトセック

材料
トマト……………………………………………………… 適量
トレハロース(なければグラニュー糖) ………………… 適量

作り方
1 トマトは1mm厚さにスライスし、トレハロースをふる。
2 野菜乾燥機に入れ、乾燥させる。野菜乾燥機が無い場合は、70℃のオーブンで6時間ほど乾燥させる。

a b c d

パン料理をさらに楽しむソース

小松菜と貝の乳化ソース

材料(作りやすい量)
アサリだし (アサリ15個、水適量) …………………… 100㎖
小松菜ソース(109ページ「野菜ピュレ5種類」参照) …… 10g
ジェルエルペッサ (凝固剤。ない場合はコーンスターチ) …… 1g
グレープシードオイル…………………………………… 10g
塩…適量

作り方
1 アサリのだしを作る。アサリは鍋に入れ、ひたひたの水を加えて弱火にかけ、貝が開いてきたら取り出す。
2 1はさらに弱火で1/3量まで煮詰める。
3 P109「野菜の遊園地」の小松菜ソースをキッチンペーパーなどで濾してピュレの濃度を高める。
4 2は100㎖を取り出し、3とグレープシードオイルを加えジェルエスペッサで濃度を付ける。コーンスターチの場合は、温かい状態で水で溶いたコーンスターチを加えて濃度を付ける。

ビーツと貝の乳化ソース

材料(作りやすい量)
アサリだし出汁 (アサリ15個、水適量) ………………… 100㎖
ビーツソース(109ページ「野菜ピュレ5種類」参照) ……… 10g
ジェルエルペッサ (凝固剤。ない場合はコーンスターチ) …… 1g
グレープシードオイル……………………………………… 10g
塩…適量

作り方
1 アサリのだしを作る。アサリは鍋に入れ、ひたひたの水を加えて弱火にかけ、貝が開いてきたら取り出す。
2 1はさらに弱火で1/3量まで煮詰める。
3 2は100㎖を取り出し、ビーツソースとグレープシードオイルを加えて混ぜ、ジェルエスペッサで濃度を付ける。コーンスターチの場合は、温かい状態で水で溶いたコーンスターチを加えて濃度を付ける。

オニオンドレッシング

材料(作りやすい量)
玉ねぎ(ざく切り) …………………………………………… 50g
白ワインヴィネガー ………………………………………… 37㎖
赤ワインヴィネガー ………………………………………… 12㎖
オリーブオイル…………………………………………… 100㎖
サラダ油 …………………………………………………… 100㎖
粉マスタード ………………………………………………… 2g
塩 …………………………………………………………… 5g

作り方
1 深い容器にすべての材料を入れて、ハンドブレンダーで撹拌する。

『Cuisine Franco-japonaise Matsushima』

松島朋宣
オーナーシェフ

ハード系パンと、料理の自由な融合

「ヨーロッパのようにパンが生活に欠かせない所では、日常的にはハード系の大きなパンを買って切りながら数日間かけて食べます。パン屋さんも、田舎に行けば大型パンだけを焼いて売っているとこともあるほど。食べ方も、料理への活かし方にも、色々な知恵があります。本書の料理でも、食べ方のアイデアをご紹介しました」と語るのは、日本素材を活かし、四季を感じさせるフランス料理を提供する『マツシマ』オーナーシェフの松島さんだ。三宮の本店に加え、ベーカリーを併設した軽井沢店も開業し、ファンを集めている。

「料理に関しては、私はパーツで考えることをおすすめしています。少しずつパーツを作り置きしておき、それをあれこれと組み合わせることで、バリエーションが広がります。本書でもパーツとなる料理をたくさんご紹介しました。色々なパーツを作って、自由な組み合わせで楽しんでください」(松島シェフ)

『Cuisine Franco-japonaise
　Matsushima』 ※神戸本店

[住所]兵庫県神戸市山本通3-2-16　ファミールみなみビル1階
[電話]078-252-8772
[URL]https://www.restaurant-matsushima.com/
[営業時間]12:00〜15:00(ラストオーダー13:30)、
17:30〜22:00(ラストオーダー20:00)
[定休日]月曜日

信州・大王イワナのマリネ
焼きトウモロコシのディップ
サルサ・サンタマリア

マリネした魚を、たくさんの野菜の汁けで食べていただく
料理です。どうしても単調になりやすいので、トウモロコシ
のディップで甘みと食感の違い、ボリューム感を出しました。
パンをリベイクする際は、しっかりと水分を含ませてからオー
ブンで焼き上げると、カサカサさせず、美味しさが戻ります。

ビーツフォカッチャ（2cm厚さカット）············ 1枚
粒マスタード ················· 10g
焼きトウモロコシのディップ（下記参照）··· 40g
信州・大王イワナのマリネ（下記参照）····· 40g
サルサ・サンタマリア（下記参照）··········· 60g
ミックス野菜（水菜、デトロイト、サニーレタス、
トレビス、ミントなど）················· 適量

作り方
1　ビーツフォカッチャは、パンから水が垂れるほど全体に霧吹きをかけ（a）、網にのせ、180℃のオーブンで焼く（b）。表面がサクッとしていればよい。
2　表面に軽く粒マスタードをぬって皿にのせ、焼きトウモロコシのディップをぬる（c）。
3　カットした大王イワナのマリネを盛り付け、サルサ・サンタマリアをのせて仕上げる（d）。ミックス野菜を添える。

◎ 信州・大王イワナのマリネ

材料（10人分）
大王イワナ（フィレ）··············· 2枚
塩 ············· イワナの全量の1.2%
（トレハロース ····· イワナの全量の0.3%）
● マリネ液
　りんご酢 ················· 300ml
　水 ····················· 300ml

作り方
1　イワナのフィレに塩とトレハロースを擦りこみ、ラップして冷蔵庫で一晩置いておく（トレハロースは、無い場合は使用しなくても良い）。
2　翌日、1を取り出し、マリネ液に20分浸ける。
3　冷蔵庫で一晩乾燥させて仕上げる。
4　薄皮をむいて、適当な大きさにカットする。

◎ 焼きトウモロコシのディップ

材料（10人分）
とうもろこし ················· 2本
「太白胡麻油」 ··············· 適量
水 ······ 適量（「太白胡麻油」と同量）
チキンブイヨン ··············· 100ml
塩 ····················· 適量

作り方
1　「太白胡麻油」と水を半々でボールに入れて混ぜ、ウォーターオイルを作る。
2　とうもろこしは、1をハケでぬりながら、直火で全面こんがりとグリルする（e）。
3　火が入ったら、包丁で実を削り取り、ブイヨンとともにミキサーにかける。
4　塩で味を調える。

◎ サルサ・サンタマリア

材料（10人分）
完熟トマト ················· 500g
セロリ（みじん切り）··········· 150g
赤玉ねぎ（みじん切り）········· 150g
にんにく（みじん切り）··········· 2片分
辛南蛮（なければハラペーニョピクルスや
ピーマンで可）··········· お好みで
シェリーヴィネガー（なければ白ワインヴィネガーかリンゴ酢）··········· 15g
塩 ····················· 8g
黒胡椒 ···················· 5g

作り方
1　トマトはヘタを取り、角切りにする。
2　残りすべての材料と1を混ぜ合わせたら（f）、一晩置く。
3　味がなじめば使える。

牛肉と土ごぼうのスモーブロー
なす、トマトのベジカレー　味付け玉子

ハレの日のご飯のイメージで、多くの方が大好きな料理をパンに組み合わせて満足感を高めました。
パーツとなる素材は「カレーソース」「牛肉とごぼう」の2つです。それぞれ単独でパンと組み合わせ
ても、美味しく楽しめます。バターや醤油は赤ワインとも相性が良いので、ワインと一緒でも楽しめます。

[材料(1人分)]

カンパーニュ(2cm厚さカット)	1枚
粒マスタード	10g
カレーソース(下記参照)	30g
牛肉と土ごぼう(下記参照)	80g
味付け玉子(下記参照)	1/2個
黒胡椒	適量
ハーブ	適量

[作り方]

1 カンパーニュは、パンから水が垂れるほど全体に霧吹きをかけ、網の上にのせて180℃のオーブンで4分焼く。表面がサクッとしていればよい。

2 1は表面に粒マスタードを軽くぬり(a)、皿に盛る。

3 パンの上にカレーソース、汁けをきった牛肉とごぼうをのせて(b)、仕上げに味玉子を半分に切って添える(c)。黒胡椒をふり、ハーブを飾る。

◎ カレーソース

[材料(10人分)]

なす	20本
生姜(みじん切り)	50g
にんにく(みじん切り)	20g
玉ねぎ(みじん切り)	800g
トマト(みじん切り)	400g
塩	10g
クミンシード	10g
サラダ油	70g
コリアンダーパウダー	大さじ1
クミンパウダー	大さじ1
ガラムマサラー	大さじ1
ターメリックー	大さじ1
グリーンカルダモンパウダー	小さじ1
ミント	30g
ヨーグルト	45g
「すぐに使える かける本バター」	35g

[作り方]

1 なすは縦半分にカットしてバットに入れ、断面に分量外のサラダ油を適量回しかける(d)。

2 200℃のオーブンで20分焼いたら、みじん切りして準備する。

3 鍋にサラダ油とクミンを入れて火にかけ、香りを出す。

4 3に生姜、にんにくを加えて炒めたら、玉ねぎを加えてしんなり甘くなるまで炒める(e)。

5 トマト、2のなすなどすべての材料を加え、沸騰したら焦げないように混ぜながら20分ほど煮込む。

6 仕上げに「すぐに使える かける本バター」を回しかけ香りを付ける(f)。

◎ 牛肉とごぼう

[材料(20人分)]

サラダ油	30g
牛切り落とし肉	500g
玉ねぎ(スライス)	500g
土ごぼう(笹がき)	300g
醤油	70g
みりん	200g
酒	300g
「すぐに使える かける本バター」	30g

[作り方]

1 鍋にサラダ油を入れて熱し、牛肉、玉ねぎ、土ごぼうを炒める。

2 酒、みりんを加えて煮込む。途中醤油を加えて水分がなくなるように煮詰めて仕上げる。

3 最後に「すぐに使える かける本バター」を回しかけて香りを付ける(g)。

◎ 味付け玉子

[材料(20人分)]

6分茹で玉子(殻をむいたもの)	10個
かえし(下記参照)	200ml

[作り方]

1 6分茹で玉子をかえしにつけて、真空する、またはジップロックに入れて密封し、一晩置く。

● かえし

[材料]

醤油	カップ1.5
みりん	カップ1
酒	カップ1.5
削り節	20g
昆布	10g

[作り方]

1 すべての材料を鍋に入れて火にかけ、2/3量まで煮詰めたら、火から下して冷まし、濾す。

117

青森・むつ湾の帆立
オマール海老のスモーブロー
ローストした桃とイチジク
紫キャベツとバジル
タヒニソース

魚介を具材にしたパン料理です。魚介とロースト
した果物の甘みが強いので、キャベツマリネの
酸味で味を締めます。アクセントで、ごまの香り
のタヒニソースを組み合わせました。エビは、
家庭では茹でたエビで充分です。茹でる際は、
茹で汁を沸騰させないのがコツで、80℃くらい
でゆっくり火を入れるようにします。

材料（1人分）

カンパーニュ（2cm厚さ）	1枚	紫キャベツのマリネ（下記参照）	30g
帆立貝柱	8個	バジルペースト（下記参照）	10g
オマールテール	4尾分	タヒニソース（下記参照）	15〜20g
（トレハロース	適量)	バジル	適量
粒マスタード	10g	粗塩	適量
桃と無花果のロースト（下記参照）	40g		

作り方

1 帆立貝柱は、適当な大きさにカットして、さっと表面を焼いておく。
2 オマールテールは、トレハロースを入れた80℃の湯で6〜8分茹でて冷まし、適当な大きさに切っておく（トレハロースは、無い場合は使用しなくても良い）。
3 カンパーニュは2cmの厚さにカットしたら、パンから水が垂れるほど全体に霧吹きをかけて網にのせ、180℃のオーブンで4分焼く。表面がサクッとしていればよい。
4 表面に軽く粒マスタードをぬり、紫キャベツのマリネをのせる（a）。
5 ローストした桃とイチジクをのせ、その上に1の帆立と2のオマールを盛り込む。
6 タヒニソースを流し（b）、仕上げにバジルペーストをのせる。バジルを刻んでちらす。粗塩をふる。

◎ 桃と無花果のロースト

材料（8人分）

桃	2個
イチジク	4個
塩	適量
オリーブオイル	適量

作り方

1 桃とイチジクは、皮付きのまま半分に切って、桃は種を取り出す。
2 1はバットに断面を上にして並べ、それぞれに塩、オリーブオイルをかける。
3 180℃のオーブンで、無花果は20分、桃は30分ローストして旨味と甘みを凝縮させる（c）。

◎ バジルペースト

材料（80人分）

バジル	100g
にんにく	1片
塩	3g
EXオリーブオイル	100g

作り方

1 バジルは新鮮なものを使い、沸騰した湯でさっと湯がいて氷水にとる。
2 よく水けを絞り、刻んで、にんにく、塩、EXオリーブオイルとともにミキサーにかけ、ペーストにする。

◎ 紫キャベツのマリネ

材料（6人分）

紫キャベツ（せん切り）	200g
塩	3g（紫キャベツの1.5%量）
白ワインヴィネガー	30g
メープルシロップ	15g
EXオリーブオイル	15mℓ

作り方

1 紫キャベツは塩をし、しんなりしたら水けを絞る（d）。
2 ヴィネガー、メープルシロップ、オイルでマリネにする。きれいな色に変わる（e）。

◎ タヒニソース

材料（15人分）

白ごまペースト	100g
ヨーグルト	150g
にんにく（すりおろし）	1片分
レモン汁	5g
塩	3g

作り方

1 すべての材料をよく混ぜ合わせる（f）。

8時間薪焼きしたポークリブ
神戸ポーク・カカオ・赤味噌のラグー　グリルした野菜

かつて、パンにぬるものとしてバターの代わりにラードを用いる地方もあったようで、豚の脂はパンとよく合うことから、
パンに調理した豚を合わせてみようと考えた料理です。ポークリブは、ほぐして盛り付けた方が食べやすいのですが、
ほぐさず塊肉のままのせても食べ応えがあって「肉を食べた」満足感が出ます。

[材料(1人分)]

カンパーニュ・ノア(2cm厚さカット) …………	1枚
粒マスタード ………………………………	10g
豚肉とカカオ・赤味噌のラグー(下記参照)	50g
ポークリブ(下記参照) ……………………	80g
グリル野菜(下記参照) ……………………	25g
「すぐに使える かける本バター」…………	10mℓ
カカオパウダー ……………………………	適量

[作り方]

1 カンパーニュ・ノアは、パンから水が垂れるほど全体に霧吹きをかけて網にのせ、180℃のオーブンで4分焼く。表面がサクッとしていればよい。

2 表面に軽く粒マスタードをぬり、ラグーをたっぷりとせる(a)。

3 手でほぐしたポークリブをラグーの上にのせ、グリル野菜を盛り込む(b)。

4 仕上げに「かける本バター」を回しかけ(c)、カカオパウダーをふる。

◎ ポークリブ

[材料(10人分)]

スペアリブまたはバックリブ …………………	1kg
≪スパイス≫	
塩 ………………… 10g(肉に対して1%)	
ブラウンシュガー ………………… 30g(同3%)	
パプリカパウダー ………………… 10g(同1%)	
ガーリックパウダー ………………… 5g(同0.5%)	
クミンパウダー ………………… 5g(同0.5%)	
黒胡椒パウダー ………………… 10g(同1%)	
コリアンダーパウダー ………………… 5g(同0.5%)	
タイム、オレガノ ………………… 各5g(同0.5%)	

[作り方]

1 肉に計量したスパイス、塩、ブラウンシュガーを擦りこみ(d)、1日冷蔵庫でなじませる。

2 バーベキューグリルを使って、約8時間をかけて火を入れる。手でほぐれるような柔らかさになる。

◎ 豚肉とカカオ・赤味噌のラグー

[材料(15人分)]

炒めた玉ねぎ………………………………	400g
にんにく……………………………………	3片
豚レバー(無ければ鶏レバー)……………	100g
豚挽き肉……………………………………	1kg
赤味噌………………………………………	100g
カカオパウダー……………………………	100g
赤ワイン……………………………………	360mℓ
トマトピュレ ………………………………	350g
フォンドボー………………………………	500g
黒胡椒………………………………………	適量
サラダ油……………………………………	適量
「すぐに使える かける本バター」…………	15mℓ

[作り方]

1 鍋にサラダ油とにんにくを入れ、火にかける。

2 香りが出たら、炒めた玉ねぎ、豚挽き肉、豚レバーを加えて炒める(e)。

3 肉の色が変わったら、赤味噌、赤ワイン、トマトピュレ、フォンドボーを加えて約30分煮込む。

4 塩・胡椒で味を調え、仕上げにカカオパウダーと(f)、「すぐに使える かける本バター」を加えて仕上げる(g)。

◎ グリル野菜

[材料(2人分)]

ズッキーニ …………………………………	20g
モロッコインゲン …………………………	20g
プチトマト …………………………………	10g
「すぐに使える かける本バター」…………	適量
水 ………… 適量(「かける本バター」と同量)	
塩 …………………………………………	適量

[作り方]

1 「すぐに使える かける本バター」1:水1でウォーターオイルを作る。

2 野菜に1のウォーターオイルをぬり、塩をしてからグリルで焼く(h)。

パン料理をさらに楽しむソース

キュウリのディップ

[材料]

きゅうり(角切り)	200g
塩	3g
ヨーグルト	150g
レモン汁	10g
エシャロット(みじん切り)	30g
塩	3g
クミンパウダー	2g
ミント(みじん切り)	10g

[作り方]

1 きゅうりはボールなどに入れ、塩もみしておく。
2 数時間置いたら水けを絞り、味を確認する。塩が
きついときは、軽く水にさらすか、洗うこと。
3 残りの材料を合わせてよく混ぜ、味を調える。

ピーカンナッツと本バターの
アイスクリーム

[材料]

卵黄	6個分
砂糖	110g
牛乳	500g
生クリーム	100㎖
「すぐに使える かける本バター」	100g
ピーカンナッツ	60g

[作り方]

1卵黄と半分のグラニュー糖をボールに入れ、泡だて
器でよく混ぜる。
2 鍋に牛乳と、1の残り半分のグラニュー糖を加えて
火にかけ、沸騰させる。
3 1のボールに沸騰した2を加えてよく混ぜ、鍋に戻
して火にかける。
4 3は、83℃になるまでゆっくり火を入れる。
5 83℃になったら火から下し、濾して容器に移し、氷
水にあてて急冷する。
6 30℃以下になったら、生クリーム、「すぐに使える
かける本バター」を加えて混ぜる。
7 アイスクリームマシンにかける。
8 食べる前に、粗く砕いたピーカンナッツと合わせる。

シェフの アイデア

本書でご登場いただいたシェフのかたがたに、「すぐに使える　かける本バター」*を使った感想と、これから試したい使い方などをインタビューしました。

*バターオイル67.5%、植物油脂32%を使用しています。

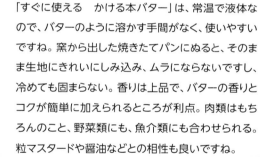

西川功晃シェフ

「すぐに使える　かける本バター」は、常温で液体なので、バターのように溶かす手間がなく、使いやすいですね。窯から出した焼きたてパンにぬると、そのまま生地にきれいにしみ込み、ムラにならないですし、冷めても固まらない。香りは上品で、バターの香りとコクが簡単に加えられるところが利点。肉類はもちろんのこと、野菜類にも、魚介類にも合わせられる。粒マスタードや醤油などとの相性も良いですね。

唐渡　泰シェフ

「すぐに使える　かける本バター」は我々フランス料理人が多用するブールクラリフェ"澄ましバター"のように使えます。バターを澄して作った"澄ましバター"よりは、バターの香りは少しおだやかに感じられます。私が修業したフランスのレストランのスペシャリテであるグルヌイユ（カエル）の料理では、澄ましバターで表面カリッと仕上げて、鍋からあげる前にバターを一かけら入れて、バターの香りをつけて、バターに含まれる水分にて柔らかく仕上げる技法を使ってました。そして最後は全ての油分をクッキングペーパーで拭うという贅沢使い。「すぐに使える　かける本バター」はバターとの差を良きに考え、液体でありそのまま使えるなど、利点を生かした新しい素材として使うと可能性は大です。肉を焼いても、野菜を炒めてもいい。ソースにも使いやすいです。今回ご紹介したソースサバイヨンには、ボトルからそのまま使えます。フランス料理人にとっては画期的です。

米山雅彦シェフ

最後に香りを足したいとき、最後に香りを残したいときに、「すぐに使える　かける本バター」を、澄ましバターの代わりに使うといいと思います。私の店では、野菜のパンを作る際に澄ましバターを使いますが、その時にあれば便利と感じました。パンに限らず料理にも使えるでしょう。私の料理教室では、スープの仕上げにかけたりしたこともあります。本書のようにスモーブローや、サンドイッチにかけても合うのではないでしょうか。合わせる素材としては、野菜類ならキャベツ、じゃが芋、安納芋、かぼちゃとなど、何でも合うと思います。

松島朋宣シェフ

バターの香りは皆好き。「すぐに使える　かける本バター」は液体なのに、バターの香りが香る点が面白いと思いました。固まらないから、ドレッシングにも使える。これまではバター風味のドレッシングはありませんでしたが、これからはそれが提案できるようになりますね。澄ましバターに近いので、でき上った料理に、ソースとして使えます。バターのように鍋で加熱して溶かす必要がないので、煩わしくない点もいいと思いました。

鈴木　誠シェフ

「すぐに使える　かける本バター」は、焼いたときのパンの香りにちょっとかけるだけで、いい香りになります。これまで、パンの仕上げにかけて楽しむ油脂といえば、オリーブオイルかごま油だったのですが、それに加えて、パンに表情を付ける1つになると思います。ピーナッツバターと一緒に使うと、香りがより高まります。また砂糖との相性もいいので、菓子パン生地にその組み合わせで使ったら、好評でした。美味しくて、安っぽくならない点が良かったですね。シェフの皆さんが感じておられるように、従来のバターより作業性がいい。ケチャップやマヨネーズと同じようにあと掛けもできますから、僕なら屋外でのイベントの時にも使いたいと思います。

小島秀文シェフ

使ってみて感じたのは、焼成後の仕上げに向くかな、ということです。バジルのソースやヨーグルトのソースなどに「すぐに使える　かける本バター」を合わせ、生地にぬるといった具合です。窯から出したての熱々のパンにぬることで香りが立ち、コクのある濃厚な仕上がりになると思います。

小林健吾シェフ

バターのように冷めても固まらないので、焼成後のパンにぬると、生地全体に香りが広がってツヤも出ます。だから使い勝手はいいと思います。常温で固まらないので、生地に練り込みもしやすい。生地に入っていきやすいと感じました。本書ではご紹介しませんでしたが、「すぐに使える　かける本バター」を水代わりに使って湯捏ねでやってみたら面白いと思いました。

原田信太郎シェフ・詠子パティシエ

「すぐに使える　かける本バター」は、素材をソテーするときに、バターの時より作業が減らせますから、使いやすいですね。肉を焼くだけではなく、ムニエルにも向くと感じました。食材としては、元来、バターは芋類と相性が良いので、芋類を焼く時やマッシュポテトなどを作る時に使っても美味しくできると思います。また、液体の状態で香りがすごくいいと思いました。デザートだけでなく、フィナンシェなどのような焼き菓子に使っても香り高いものができると思います。

池田　匡シェフ

常温で置いておけるのはメリットですね。手元に置いてすぐに使えるから。生地に入れると、パンの歯切れがよくなるし、仕上げにも使えます。これまではオリーブオイルかごま油を使っていたところを、「すぐに使える　かける本バター」でも使えます。その点で、新しい素材として選択肢が増えたかなと思います。バターより不純物が無いのかアクが出ないので、料理で使う時は、相性としてはムニエルが良いかなと感じました。料理とあわせる時、尖った酸味の角を取ってくれるので、ドレッシングにも使いやすいと感じました。

パンの魅力を広げる「三州三河みりん」の力

有機三州味醂
500㎖

三州三河みりん
700㎖

米一升からみりん一升が出来上がる三州三河みりん。もち米、米麹、米焼酎のみで造られたみりんならではの、深みのある上品な甘みがあり、様々な素材の持ち味を引き上げるという特性があります。この特性を活かせば、今以上に魅力的な味わいのパンが作れそうです。ここでは本書に登場されている『Ça Marche』西川功晃シェフに、三州三河みりんの特性を活かしたパンづくりを紹介していただきました。

ベースの生地

材料

全粒粉（きたのまるこ）… 1000g	イースト …………………… 10g
三州三河みりん ………… 100g	太白ごま油 ……………… 100g
塩 ……………………… 15g	水 ………………………… 750g

作り方

1 ミキシングボールに材料全てを入れ、ミキシングする。
2 取り出したら、室温で30分おき、パンチを入れてさらに室温におく。この時のパンチでは、生地を四角く形づくるようにする。
3 1は30分後に分割する。

みりん寒天ロール

材料

ベースの生地………………………………… 500g	
みりん寒天（下記参照）…………………… 200g	

作り方

1 生地は麺棒で四角く薄く延ばす。
2 1の上に、1㎝角ほどに切ったみりん寒天をのせる。
3 生地で具材を巻き込むように包み、カードで切って重ねて押さえる。
4 そのまま1個60gに分割し、まわりの生地を持って包むようにし、とじ目をつまむ。ベンチタイムは取らない。
5 加熱すると寒天は溶けるので、紙皿にのせる。
6 霧を吹いて温度30℃・湿度85%のホイロで29分発酵させる。
7 焼成。太白ごま油をハケでぬり、粗塩をふって焼成。上火250℃・下火230℃のオーブンで、スチームをして10分焼く。

◎みりん寒天

材料

三州三河みりん …………………………… 200g	
水 ……………………………………………… 300g	
粉寒天 ……………………………………… 25g	
グラニュー糖 ……………………………… 25g	

作り方

1 粉寒天とグラニュー糖は、事前に合わせておく。
2 鍋に三州三河みりんと水を入れ、沸騰させる。
3 1を加えて完全に溶かしたら、バットに流す。
4 粗熱を取り、冷蔵庫で冷やし固める。

ポム・クランベリー

材料	
ベースの生地	1000g
リンゴの赤ワイン煮（下記参照）	200g
クランベリーのみりん漬け（下記参照）	100g

作り方

1 生地は麺棒で四角く薄く延ばす。
2 の上に、リンゴの赤ワイン煮とクランベリーのみりん漬けをのせる。
3 生地で具材を巻き込むように包み、カードで切って重ねて押さえる。
4 そのまま1個60gに分割し、具を中に入れるように押さえて軽く丸める。
5 このパンはベンチタイムを取る。室温で20分おく。
6 成形。上面を下にして台に出し、丸めて継ぎ目を閉じる。
7 霧を吹いて温度30℃・湿度85%のホイロで20分発酵させる。
8 強力粉をふり、上面をハサミでカットして焼成。上火250℃・下火230℃のオーブンで、スチームをして8〜10分焼く。

◎リンゴの赤ワイン煮

材料（作りやすい分量）

リンゴ	1個
赤ワイン	50g
白ワイン	50g
三州三河みりん	50g

作り方

1 リンゴは皮をむぎ、半分に割って芯を取り除き、乱切りにしておく。
2 鍋に残りの材料を入れて火にかけ、沸騰したら1を入れて、汁けがなくなるまで煮込み、火から下して冷ます

◎クランベリーのみりん漬け

材料（作りやすい分量）

クランベリー ……… 100g　三州三河みりん …… 10g

作り方

1 クランベリーはボールに入れ、みりんを加えて漬け込む。

『Ça Marche』西川功晃シェフ

素材の持ち味を引き出すという三州三河みりんの特性を活かすには、生地に使うことはもとより副材料の下処理にも用いると使いやすいでしょう。今回、寒天で固めた三州三河みりんの副材料を生地に使ったことで、小麦そのものの風味をより一層感じさせるパンが焼けました。また三州三河みりんを使えば熟成感に通じる甘みが加えられるので、たとえば短時間の発酵でも長時間発酵させたような味わいを感じさせてくれます。さらにパンそのものに使用することで保水性が高まり、とても美味しいパンが焼けます。「もち米のリキュール」といわれる三州三河みりん。パンはもちろん、様々なジャンルに可能性が広がっていると思います。

株式会社 角谷文治郎商店（すみやぶんじろうしょうてん）

〒447-0843　愛知県碧南市西浜町6-3
TEL：0566-41-0748　E-mail:sumiya@mikawamirin.jp　https://mikawamirin.jp/
（詳しい製品資料・サンプルなどをご用意しております。上記までお問い合わせください。）

贅沢な晩ゴパン

パンのお料理

発 行 日　令和5年11月27日初版発行

著　　　者　旭屋出版　編集部
　　　　　　　あさひやしゅっぱん　へんしゅうぶ
発 行 者　早嶋　茂
制 作 者　井上　久尚
発 行 所　株式会社旭屋出版
　　　　　　〒160-0005
　　　　　　東京都新宿区愛住町23-2ベルックス新宿ビルⅡ6階
　　　　　　郵便振替 00150-1-19572

　　　　　　販 売 部 TEL　03(5369)6423
　　　　　　　　　　　FAX　03(5369)6431
　　　　　　編 集 部 TEL　03(5369)6424
　　　　　　　　　　　FAX　03(5369)6430
　　　　　　旭屋出版ホームページ　https://asahiya-jp.com/

印刷・整本　株式会社シナノパブリッシングプレス